한국의 환상동화

Contes maléfiques et autres merveilles de Corée

Rodolphe Meidinger : Direction littéraire
김재홍 Kim Jae-hong : Direction graphique
고봉만 Ko Bong-mann : Coordination générale
Héléna Mercier : Correction du Français
이주희 Lee Ju-hee : Coordination de la publication
안희연 Ahn Hee-yeon : Coordination de la publication

은혜갚은 꿩
Les faisans miséricordieux
번역. 이재은 Lee Jae-eun
김슬기 Kim Seul-ki
손수진 Son Su-jin
김혜인 Kim Hye-in
그림. 안희연 Ahn Hee-yeon

우렁각시
L'épouse sortie des eaux
번역. 신유란 Shin Yoo-ran
노미영 No Mi-yeong
송숙인 Song Sook-in
그림. 이아녕 Irene A. Lee

귀신과 장님
Le fantôme et l'aveugle
번역. 서영문 Seo Young-moon
임채리 Im Chae-ri
이수진 Lee Su-jin
송숙인 Song Sook-in
그림. 이상우 Lee Sang-woo

첩의저주
La malédiction de la concubine
번역. 이광우 Lee Kwang-woo
김기훈 Kim Ki-hoon
유인혁 Yoo In-hyuk
유재경 You Jae-kyong
그림. 이잎새 Lee Ip-sae

구렁이의 저주
La malédiction du serpent
번역. 홍석민 Hong Seok-min
조하영 Cho Ha-young
동소정 Dong So-jung
이한빙 Lee Han-bing
그림. 조경은 Jo Kyeoung-eun

두꺼비의 보은
La récompense du crapaud
번역. 이주희 Lee Ju-hee
전소현 Jeon So-hyun
김소연 Kim So-yeon
그림. 박선유 Park Sun-you

욕심많은 무당
La chamane cupide
번역. 민지영 Min Ji-yeong
김도희 Kim Do-hee
김윤영 Kim Yun-young
오미란 Oh Mi-ran
그림. 정슬기 Jeong Seul-ki

장화홍련
L'histoire de Jang-hwa et Hong-ryun
번역. 이샛별 Lee Saet-byul
이서원 Lee Seo-won
허윤미 Heo Yun-mi
그림. 남수지 Nam Su-ji

물고기가 맺어준 인연
Le serment du poisson
번역. 김서연 Kim Seo-yeon
김단희 Kim Dan-hee
김현정 Kim Hyeon-jeong
장은비 Jang Eun-bee
그림. 오수진 Oh Su-jin

호랑이가 의원을 데려감
Le tigre emmène le docteur
번역. 유인혁 Yu In-hyuk
홍석민 Hong Seok-min
심보현 Sim Bo-hyeon
그림. 김해영 Kim Hae-young

옹고집전
Le sosie de paille
번역. 오미란 Oh Mi-ran
김은주 Kim Eun-ju
최보람 Choi Bo-ram
박미나 Park Mi-na
김시내 Kim Si-nae
그림. 이의정 Lee Ui-jeong

한국의 환상동화
저자. 로돌프 메댕제, 김재홍
발행처. 충북대학교 출판부
발행인. 윤여표
주소. 28644 충북 청주시 서원구 충대로 1
전화. 043)261-2952, 3014
팩스. 043)274-1256
이메일. presscbu@chungbuk.ac.kr
등록. 제1983-2001-7호
초판2쇄. 2016년 02월 19일
인쇄처. 삼성디자인기획
디자인. 오브(김미진, 박슬아)

ISBN 978-89-7295-252-7 03810

값 35,000원

한국의 환상동화

Contes maléfiques et autres merveilles de Corée

Rodolphe Meidinger
충북대학교 불어불문학과

· · ·

김재홍 Kim Jae-hong
충북대학교 디자인학과

CBNU BOOKS

서문
Préface

Il était une fois … Toutes les histoires ne commencent-elles pas comme ça ? En tout cas, en France presque tous les contes débutent par cette incantation. La magie des mots nous transpose alors dans le rêve, le féérique, l'extraordinaire…

Donc … Il était une fois, dans une salle de classe du département de français de l'Université Nationale de Chungbuk … D'accord ! Pour un début, ce n'est pas très fabuleux. Mais, l'aventure laborieuse de ces quelques étudiants inscrits à mes cours offre des perspectives peu commune. Tout d'abord à travers un atelier d'écriture dirigé, ils me dévoilèrent ces contes fantastiques aux tonalités macabres, empreintes de sorcellerie, peuplées de fantômes et de créatures chimériques. Ces histoires, ils les puisèrent dans le sombre répertoire d'auteurs anonymes, témoins de l'étrange et d'évènements obscurs qui se déroulèrent à Hanyang, l'ancienne Séoul, mais aussi dans des lieux les plus reculés de Corée.

Devant l'excellence de leurs travaux, je sentis, alors, que nous ne pouvions pas en rester là ! J'en parlais donc à un ami, professeur de notre département, tout comme moi féru de contes qu'ils fussent merveilleux pour des enfants sages ou encore noirs ou sinistres, à raconter autour d'un feu de camps lors des nuits sans lune. Ko Bong Mann me prêta ainsi une oreille attentive, et plus encore, il eut l'audace de frotter la lampe magique, faisant ainsi naître l'idée de génie de rassembler dans un même creuset, tel un alchimiste, le travail d'écriture de nos étudiants de français avec la force créative d'étudiants en art. C'est lui qui organisa cette première réunion où je rencontrais le professeur Kim Jae-Hong qui dirigeait le département de design de notre université. Une fois encore, la magie s'opéra ! Nous étions mus par la même énergie, la même force : donner du sens ! Nos étudiants allaient non seulement s'échiner pour des notes au bout d'un diplôme, ils aussi contribuer à une œuvre qui s'exposerait aux yeux du monde. Un objet dont ils pourraient être fiers, qui valoriserait leurs études même lorsqu'ils en auraient fini. Que restera-t-il de leurs copies d'examens, une fois que le pompon aura glissé d'un bord à l'autre de leur bonnet carré ?

Messieurs Ko, Kim et moi, nous nous mîmes d'accord. Nous allions réaliser un grimoire illustré haut en couleurs de ces contes noirs dont le texte serait bilingue franco-coréen.

Je repris les travaux d'écriture des étudiants de français pour leur donner une forme plus littéraire. Cette nouvelle mouture francophone fut, par la suite, traduite à nouveau en coréen, pour permettre aux étudiants de design d'illustrer la tournure nouvelle de ces récits fantastiques. Monsieur Kim Jae-Hong dirigea d'une main de maître la verve créatrice de ses étudiants. Monsieur Ko Bong Mann, en éminence grise, guida les étudiants de français dans leur version, mais surtout, il sut trouver les mots pour convaincre Monsieur Jung Tae Il, directeur des éditions universitaires de Chungbuk, sans qui ce projet n'aurait jamais eu l'aboutissement que vous tenez entre vos mains.

Au final, la qualité et la finesse du résultat, se passe de commentaire. Les véritables héros de cette aventure sont bel et bien nos étudiants. Puisse cette expérience leur ouvrir des portes nouvelles et leur insuffler l'élan de la création. Pour qu'à la fin, le conte se finisse merveilleusement …

Et ils vécurent heureux, de longues … longues … longues années …

Rodolphe Meidinger

벌써 1년 전 일이다. 한 외국인 교수가 한국의 구전문학을 학생들이 그린 일러스트레이션과 함께 프랑스어로 번역해 출간해보자는 제안을 해왔다. 내심 학생들에게 좋은 포트폴리오를 갖출 기회라고 생각해 선뜻 수락 했지만, 곧 고민에 빠졌다. 이미 짜 놓은 교과과정이 있지만, 이런 프로젝트는 처음이었다. 제대로 우리들이 잘 소화해낼 수 있을지 하는 걱정과 어느 교과목에서 다뤄야 하는지, 궁리 끝에 하는 수 없이 내가 4학년 학생들과 함께 해보기로 정했다.

올 초 신학기에 그 프랑스 원어민 교수가 어떻게 구했는지, 오래된 한국어 문고판을 들고 와 그 중에 몇 꼭지를 골라 주었다. 우리는 그가 준 텍스트를 큰 소리로 차례대로 읽어보았다. 이 프랑스인 로톨프라는 교수가 의도했든 아니든 간에 고른 구전민담을 여러 번 읽는 동안에 나는 깨달았다. 이것들이 '우리의 순박한 민족성이 잘 드러난 이야기구나.' 그림으로 치자면 '우리들의 얼굴'이였고, 내가 그동안 잊고 지냈던 이미지였다.

이 책에는 한국인의 이야기가 담겨있다. 사랑과 미움, 생과 사, 희망과 공포, 해학과 풍자가 있다. 이야기를 그린 그림은 눈으로만 보지 말고, 눈으로 만지고, 눈으로 소리를 들어보자.

사랑하는 방법, 사람이 사는 의미, 바람 그리고 웃음이 있다. 동방의 한국색으로 그려진 인물들은 환상 속의 그들이 아니다. 주위에 있을 법한 인물들이다. 굳이 따지자면 얼굴색만 다르지, 우리가 공감하는 폭은 꼭 같다. 즉 '권선징악'의 줄거리 때문이다.

여기 우리의 작가들은 동화 속의 주인공의 후예이다. 이들 역시 부모에게 착한 딸, 불의를 모르는 정직한 아들, 악을 무찌르는 청년, 나라를 위하는 충신의 심성을 가지고 있다. 게다가 자신들의 아름다운 생각을 그려내는 재능까지 겸비했으니, 분명 행복을 전파하는 디자이너임에 틀림없다. 이들의 꿈을 실은 작품은 마침내 프랑스어로 번역되어 독자들을 만난다. 나의 학생들은 이제 한국의 청주에서, 곧바로 세계와 맞닿을 수 있다는 자신감을 갖게 되었다. 이런 기회를 만들어준 프랑스인 동료 로돌프 교수와 나의 친구 고봉만 교수, 이 두 분께 고마운 마음을 전하고자 한다.

지금 우리의 젊은 지성들(한국이나 프랑스 아니 전세계적으로)은 짧은 시간에 집착한 나머지, 감정이 서서히 뜸드는 과정을 생략하려고 한다. 이 책을 발간하는데 관여하면서, 나는 감히 독자제위께 우리들의 옛 이야기를 추억해보자고 제안한다.

2012년 9월29일

충북대학교 디자인학과 학과장

교수 김재홍

차례
Sommaire

은혜갚은 꿩
Les faisans miséricordieux

한국어 번역 이재은 Lee Jae-eun
프랑스어 번역 김슬기 Kim Seul-ki, 손수진 Son Su-jin, 김혜인 Kim Hye-in
그림 안희연 Ahn Hee-yeon

옛날에 한 청년이 과거 시험을 보기 위해 한양으로 가고 있었다.

그는 과거에 급제하기 위해 여러 달 동안 공부했다.

Il y a bien longtemps de cela, un jeune homme se rendait à Séoul, la capitale, pour y passer des examens. Il avait étudié de longs mois afin de devenir fonctionnaire dans l'administration du royaume. Il était en train de traverser une montagne.

그는 산을 지나가는 중에 두 마리의 꿩이 날카롭게 울어대는 소리를 들었다.

구렁이가 꿩의 새끼를 잡아먹으려 했기 때문이다.

"도와주세요! 도와주세요!"

꿩들이 고함을 질러댔다.

"구렁이가 우리 아가들을 잡아먹으려 해요!"

C'est alors qu'il entendit deux faisans glapir car un serpent essayait d'avaler leurs oisillons.

– Aidez-nous ! Aidez-nous ! criaillèrent les faisans, le serpent va dévorer nos enfants.

이 비극적인 장면에 흥분한 여행자는 가던 길을 멈추고 활을 당겨 눈 깜짝할 사이에 구렁이를 죽였다. 꿩들은 선비의 주변에서 원을 그리며 맴돌았다.

"우리 아가들을 구해주신 걸 잊지 않을게요"

그들이 지저귀었다.

Le voyageur, ému par cette scène tragique, s'arrêta, banda son arc et tua net le serpent d'une flèche entre les yeux. Les faisans firent une ronde autour de lui.

– Jamais nous n'oublierons ce que vous avez fait pour nos poussins, chantèrent-ils.

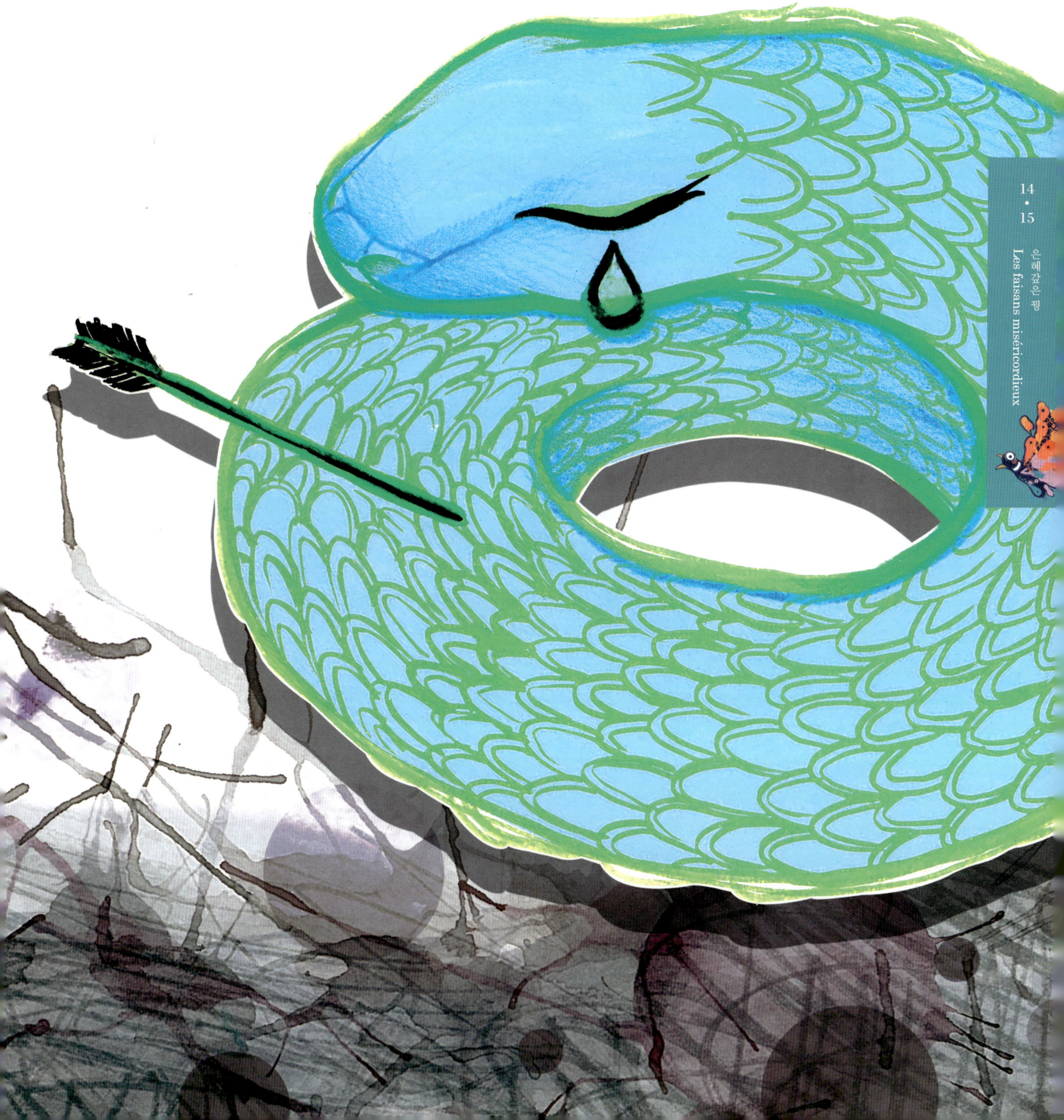

다시 길을 가던 선비가 개울가를 지나고 있을 때, 계곡에서 젊고 예쁜 여자가 목욕을 하고 있는 모습을 보았다. 그녀를 보자마자 그는 제정신을 잃고 사랑에 빠졌다. 그녀를 보기 위해 그는 바위 뒤에 숨었다. 그녀의 머리카락은 까마귀의 날개보다 더 검고, 그녀의 피부는 진주보다 더 희었다.

Puis, le jeune homme continua son chemin. Plus loin, alors qu'il passait à côté d'un ruisseau, il découvrit, au détour d'un méandre, une jolie jeune femme qui s'y baignait. Dès qu'il la vit, il en tomba éperdument amoureux. Il se cacha derrière un rocher pour l'observer. Elle avait les cheveux plus noirs que les ailes des corbeaux et la peau aussi blanche que la plus fine des perles.

그녀가 물에서 나오자, 그는 그녀가 어디로 가는지 알아보기 위해 그녀의 뒤를 쫓았다. 그녀는 산 중턱의 예쁜 초가집에 살고 있었다. 밤이 너무 깊어져서 그는 하룻밤 정도 그녀의 집에서 묵을 수 있는지 물어봐야겠다고 생각했다. 그리고는 대문을 두드렸다.

"똑!똑!똑!"

"누구세요?"

여자의 속삭이는 듯한 목소리가 들렸다.

"안녕하세요. 과거 시험을 보기 위해 산을 지나는 선비입니다. 밤이 너무 깊어서 당신의 초가집에서 하룻밤 묵어가고 싶은데 괜찮을까요?"

"물론이에요. 저는 혼자 지내서 누군가가 곁에 있는 게 더 좋답니다. 이곳에서 지내세요. 당신을 위해 밤참을 준비할게요."

Lorsque la jeune femme sortit de l'eau, il la suivit pour savoir où elle allait. Elle habitait une jolie chaumière à flanc de montagne. Comme il se faisait tard, il se dit qu'il pourrait demander l'hospitalité pour la nuit. Alors il passa le portail et frappa à la porte de papier.

Toc ! Toc ! Toc !

– Qui est-ce ? susurra une voie féminine.

– Bonjour, je suis un étudiant qui traverse ces montagnes pour me rendre aux examens de hauts fonctionnaires. Il se fait tard, j'aurais voulu savoir s'il était possible de passer la nuit dans votre chaumière.

Sans hésitation, la jeune femme siffla :

– Sssss… Sans doute, oui bien sûr ! Je suis seule… Un soupçon de présence me fera le plus grand bien. Passez donc par ici, je vais vous cuisiner un succulent souper.

그녀를 더 가까이에서 보고 그는 그녀가 더욱 아름답다고 생각했다. 그녀의 미소는 묘했고, 그녀의 표정은 이해하기 어려웠으며, 그녀의 눈은 매혹적이었다. 그는 마치 최면술에 걸린 것만 같았다.

그녀는 그에게 왕이 받아 마땅한 저녁을 준비했고, 그는 너무 황홀했다. 식사 후에 머리 장식을 손질하기 위해 여자는 그에게 이해를 구하고 다시 그녀의 방으로 들어갔다.

Maintenant que le voyageur voyait de près son hôtesse, il la trouva encore plus belle. Son sourire était étrange, les traits du visage de la jeune femme étaient d'une extrême finesse et la beauté de ses yeux étaient envoutante. Il en était comme hypnotisé.

Elle lui prépara un dîner digne d'un prince, le voyageur était aux anges. Après le repas, elle s'excusa auprès de son visiteur : elle désirait arranger sa coiffure et alla dans sa chambre.

그는 여전히 그녀의 미모에 반해 있었고, 그녀의 모든 것을 신중하게 관찰하기 위해 그녀를 쫓아갔다.

"톡"

그녀를 관찰하기 위해 그는 그녀 방의 창호지에 구멍을 냈다. 그는 거울 앞에 앉아 있는 그녀의 등을 보았다. 그때, 그는 깜짝 놀랐다. 거울에 비친 여자는 12개의 혀를 날름거리는 둥근 구렁이 머리를 하고 있었다.

"슥슥슥"

"내 남편을 죽인 이 남자, 새벽이 오기 전에 원수를 갚고야 말겠어!"

Le voyageur toujours épris de la belle, la suivit le plus discrètement du monde pour l'observer tout à son aise. Cloc ! Il fit un petit trou dans le papier de la porte de la chambre pour observer ce que la femme faisait. Il la voyait de dos, assise devant son miroir. Et là, il fut stupéfait ! Le reflet du visage de la belle se révéla être une grosse tête de serpent qui sifflait d'une douce voix :

– Sssss … C'est cet homme qui a assassiné mon époux, avant l'aube, je serai vengée !

그는 온몸이 굳는 것 같았다. 거울로 그녀의 진짜 모습을 본 그는 달아날 방법을 찾으려 했다. 거실로 나온 그녀는 그에게 차를 권했다. 차를 마신 후 그는 간절한 바람을 그녀에게 말했다.

“저기, 집 밖에 있는 화장실을 사용해도 될까요?

“.....그건 안 돼요. 저기는 사용하지 않는 화장실이고 당신이 자는 방 안에도 화장실이 있답니다.

그는 집을 나가려고 두세 번 더 교활한 핑계를 찾았지만, 그녀는 그때마다 대답할 거리를 찾았다. 이 상황을 피할 수 없을 것 같았다. 그는 방안에 감금된 것이다.

그는 계속해서 도망칠 방법을 찾았고 그녀가 잠들기를 기다렸다. 어느 순간, 그는 어떤 소리도 듣지 못했다. 암구렁이가 잠든 것이다. 그는 최대한 조용히 일어났고, 출입문까지 교묘히 빠져나가 문을 열고 밖을 살폈다. 마침내 그는 숨을 조금 쉴 수 있었다.

Le sang du voyageur ne fit qu'un tour. Dans la glace, il avait vu la vraie forme de son hôtesse. Il fallait qu'il trouve une solution pour s'enfuir. Quand elle le rejoignit dans la pièce principale, elle lui proposa de boire du thé. Après avoir bu, il prétexta une envie pressante et lui demanda :

– Excusez-moi… Mais me serait-il possible d'utiliser les toilettes qui sont à l'extérieur de la maison ?

– Sssss … Ce n'est pas possible, ils sont hors d'usage, mais il y a un pot de chambre dans la pièce où vous allez dormir.

Il essaya encore une ou deux autres astuces pour sortir de la maison, mais la belle trouvait toujours quelque chose à redire. Il lui semblait qu'il serait impossible de s'échapper… alors il s'enferma dans sa chambre. Il resta sur ses gardes aux aguets et attendit que son hôtesse soit endormie pour prendre la poudre d'escampette. Au bout d'un certain temps, il n'entendait plus aucun bruit. Il était certain que la femme serpent dormait. Alors il se leva le plus doucement possible, se faufila jusqu'à la porte d'entrée, l'ouvrit lentement et se retrouva dehors. Enfin ! Il pouvait souffler un peu.

그러나 그가 막 울타리에 도착했을 때 그 여자의 슥슥 소리가 들렸다.

"슥슥슥...하!하!하! ....나 모르게 도망칠 수 있을 거라 생각했어? 내가 번개 속도만큼 빠르다는 걸 모르는 거야?"

그가 돌아봤을 때, 그에게 말을 하고 있는 것은 젊고 예쁜 여자가 아니라 꼬리를 세운 끔찍한 구렁이였다. 그가 울타리를 뛰어 넘으려고 껑충껑충 뛰었지만 그는 그 자리에 멈출 수밖에 없었다. 주변에는 슥슥 소리를 내는 새끼 구렁이들에 의해 돌담이 솟아올랐기 때문이다.

Il était presque arrivé à la clôture lorsqu'il entendit le sifflement de la femme :

– Sssss Ha ! Ha ! Ha !... Tu croyais que tu pourrais t'enfuir sans que je ne m'en rende compte ? Ne sais-tu pas que je me déplace à la vitesse de l'éclair ?

Lorsqu'il se retourna, ce n'était plus la jolie jeune femme qui lui parlait, mais un horrible serpent dressé sur sa queue. Lorsqu'il voulut pendre son élan pour sauter la clôture, il s'arrêta net car, d'entre les pierres du mur, surgirent par centaines des petits serpents qui sifflèrent à leur tour :

"슥슥슥, 우리 아빠를 죽인 게 너지! 이번엔 네 차례야!"

그는 다른 방향으로 달아나려 했지만, 헛수고였다. 암구렁이는 이미 그의 몸을 감싼 띠가 되었다.

"슥슥슥 내 남편을 죽인 게 너지! 원수를 갚기 위해 네 목숨을 빼앗을 것이다!"

"아니, 안 돼요. 죽이지 마세요. 그는 간청했다. 나는 그 뱀이 당신의 남편인지 몰랐어요! 난 그저 새끼 꿩들을 살리고 싶었어요. 당신에게 애원할게요. 죽이지 마세요!"

하지만 암구렁이는 아랑곳하지 않고 그에게 대답했다

"슥슥슥."

그녀가 말했다.

"근교의 버려진 절에 오래된 종이 있다. 만약 해가 뜨기 전 그 종이 10번 울리면 너를 살려주지!

"오래된 종.. 버려진 절.."

그가 다시 한번 말했다.

"그건 불가능한 일이야!"

– Sssss … C'est bien toi qui as assassiné notre père, c'est à ton tour de perdre la vie !

Le voyageur tenta de s'enfuir vers une autre direction. Peine perdue, la femme serpent s'était déjà enroulée autour de lui et le serrait de ses anneaux.

– Sssss… C'est bien toi qui as assassiné mon mari, à mon tour de te déposséder de la vie pour le venger.

– Non, non, ne me tuez pas ! implora le voyageur, je ne savais pas que le serpent était votre mari ! Je voulais juste sauver les oisillons des faisans. Je vous en supplie, ne me tuez pas !

Mais la femme serpent se moqua de lui et pour toute réponse, lui dit :

– Sssss …. Soit ! dit-elle, il y a une vieille cloche dans le monastère abandonné voisin, si elle sonne dix fois avant le levé du soleil, alors je te libérerai…

– Une vieille cloche … Dans un monastère abandonné… répéta le voyageur, c'est une chose impossible !…

새벽이 오기 전, 암구렁이는 불쌍한 남자를 죽이려고 더욱 세게 졸라맸다. 그때였다. 절에서 종소리가 났다.

"딩... 두 번...딩...세 번"

"종이 울린다!"

여행자가 소리쳤다.

"...딩..."

"말도 안 돼!"

구렁이가 대답했다.

"...딩..."

"들어 보세요! 울려요! 울려요!"

남자가 애원했다.

"딩... 딩..."

"딩..."

여덟 번째 종소리에서 암구렁이는 졸라매는 것을 풀었다. 아홉 번째 종소리에서 암구렁이는 땅으로 미끄러졌다. 열 번째 종소리에서는 해가 떴고 암구렁이는 산속으로 사라졌다.

Quelques minutes avant l'aube, la femme serpent resserra son étreinte prête à mordre le pauvre homme. C'est à ce moment-là, que Ding… La cloche du monastère se mit à sonner…Ding…. Deux coups… puis trois… Ding…

– La cloche sonne! s'exclama le voyageur.

…Ding…

– Cela ne se peut! répondit le reptile…

…Ding…

– Ecoutez! Elle sonne! Elle sonne!… supplia l'homme.

…Ding… Ding…

…Ding… Au huitième coup la femme serpent relâcha son étreinte. Ding… au neuvième elle se laissa glisser au sol… Ding… au dixième, le soleil se leva et la femme serpent avait disparu dans la montagne.

죽어가는 자신을 살린 게 누군지 궁금하고 당황스러웠던 그는 버려진 절로 갔다. 커다란 종은 사방이 열린 정자에 걸려 있었다. 그는 다가갔고 죽어있는 두 마리의 꿩을 바닥에서 발견했다. 꿩들은 무거운 청동 종에 머리를 부딪혀서 목이 다 부러져 있었다.

Intrigué et curieux de savoir qui l'avait sauvé d'une mort certaine, le jeune voyageur alla au monastère abandonné. La grosse cloche pendait dans son pavillon ouvert aux quatre vents, il s'approcha et découvrit sur le sol deux faisans morts. Ils s'étaient rompu le cou à force de percuter en plein vol le bronze de la lourde cloche.

청년은 자신을 살려 준 꿩들을 위해 작은 무덤을 만들었다. 그리고 그들의 희생을 잊지 않기 위해 과거 시험을 포기했고, 그 절에 남아 중이 되기로 결심했다.

이후 이 산은 '*치악(雉岳)*'[1]이라 불린다.

1 주석 : 치악(雉岳)은 표의한자이다. 치(雉)는 꿩을, 악(岳)은 바위를 의미한다. 대한민국에서 꿩은 충성의 상징이다.

Alors, le voyageur érigea un tertre pour les faisans qui l'avait gracié. Puis, pour ne jamais oublier leur sacrifice, il renonça à son voyage jusqu'à Séoul, et décida de se faire bonze dans ce temple abandonné qu'il restaura de ses propres mains.

Depuis cette montagne s'appelle 雉岳, Tchi-ak[1].

1 Le mot Tchi-ak (치악) est composé des idéogrammes sino-coréens « Chi » (雉) qui veut dire faisan et « ak » (岳) la roche ou le rocher. En Corée, le faisan (꿩) est un symbole de fidélité.

구렁이의 저주
La malédiction du serpent

한국어 번역 홍석민 Hong Seok-min
프랑스어 번역 조하영 Cho Ha-young, 동소정 Dong So-jung, 이한빙 Lee Han-bing
그림 조경은 Jo Kyeoung-eun

어둡고 추운 한겨울 밤에, 강생이라는 사람이 홀로 진산을 가로질러가고 있었습니다.

구불구불한 길을 어둠 속에서 몇 시간 동안 걷다보니, 그는 더 이상 자신이 어디에 있는지 모르게 되었습니다.

또 바람은 옷깃 밑의 발톱 사이로 계속 스며들었습니다.

만약 그가 잠을 잘 피난처를 계속 찾지 못한다면, 그는 추위에 죽을 것이 분명했습니다.

이제 곧 죽을 것이란 생각에 잠겨 있다가, 그는 어둠속에서 한줄기의 빛을 얼핏 보았습니다. 희망이 생긴 그는 희미한 구원의 빛을 향해 계속 뛰었습니다.

Par une sombre et glaciale nuit d'hiver, Kang-saeng voyageait seul à travers les montagnes. Après plusieurs heures de marche dans l'obscurité, à force de tours et de détours, il ne savait plus où il était. Transi, le vent ne cessait de glisser ses griffes glacées sous sa tunique : s'il ne trouvait pas un abri pour la nuit, il allait sans doute mourir de froid. Plongé dans ces pensées macabres, il aperçut une lumière dans la nuit. L'espoir refit alors surface, et il se précipita vers cette lueur salvatrice.

그곳에 동굴이 나타났는데, 거기에는 한 노인이 장작불 옆에서 졸고 있었습니다. 강생은 노인에게 다가갔고 자신이 왔다는 것을 알리기 위해 겸손히 기침을 했습니다. 그러자 노인은 눈을 떴고 여행자는 그에게 물었습니다.

"흠, 흠……. 훌륭한 할아버님께 인사드려도 되겠습니까? 아이고! 저는 이 어둡고도 추운 밤에 당신을 겨우 만났네요."

"그래!"

대화하기 떨떠름한지 노인은 볼멘소리로 우물거렸습니다.

"지금 너무 추워서 계속 밖에 있었다간 저는 확실히 죽었을 겁니다."

강생은 파랗게 질린 손을 모닥불에 쭉 내밀었습니다.

"어, 거기! 당신은 여기에 머물 수 없소! 난 나의 세 아들을 기다리고 있소! 만약 그들이 여기서 당신을 본다면 소란이 있을 것이오! 당신은 떠나는 것이 더 좋을 것이야. 더욱이 여기엔 자리가 충분히 없단 말이오!"

노인은 소리쳤습니다.

"하지만 잠시 동안만 있을 것인데, 우리는 같이 있을 수 있습니다…….",

강생은 노인의 마음을 돌려보려 했습니다.

"안 되오! 나는 당신에게 가라고 말했소……. 즐거운 여행되시오!"

"네... 그럼 편안한 저녁 되십시오……."

Celle-ci provenait d'une caverne où un vieil homme s'était assoupi auprès d'un feu de bois. Le voyageur se rapprocha et toussota humblement pour prévenir de son arrivée. Lorsque le vieil homme ouvrit les yeux, Kang-saeng lui demanda :

– Hum, hum … je vous souhaite le bonsoir, vénérable grand-père ! Fichtre ! J'ai rarement vu une nuit aussi froide que celle de ce soir.

– Oui ! grommela, d'un ton bourru, le vieil homme, peu enclin à la conversation.

– Il fait si froid que c'est la mort assurée à qui resterait dehors, poursuivit le voyageur en tendant ses mains bleuies vers les flammes du foyer.

– Eh là ! s'exclama le vieillard, vous ne pouvez pas rester ici ! J'attends mes trois fils ! S'ils vous voient ici, il y aura du vilain ! Mieux vaut pour vous de passer votre chemin, et puis d'ailleurs, il n'y a pas assez de place !

– Mais en se serrant un peu, nous pourrions… tenta le voyageur

– Non ! Je vous dis … Passez votre chemin, bon vent !

– Bonne soirée .. abandonna le voyageur qui voyait disparaître sa chance de salut.

구원의 기회가 사라지는 것을 느끼며 강생은 포기했습니다. 그는 다시 추운 겨울밤으로 돌아왔지만 동굴에서 멀어지지 않기로 결심했습니다. 다행히도 바위틈에서 피신할 수 있는 두터운 낙엽 더미를 발견했습니다. 추위에 벌벌 떨면서 그는 가족, 친척, 친구들 그리고 약혼자를 생각했습니다. 그는 따뜻한 죽을 먹기 위해 가지고 있는 무엇이라도 주었을까요? 그리고는 추위로 몸이 굳었고, 잠이 듦으로서 생각이 끝났습니다.

얼마 동안의 시간이 흐른 후, 여행자는 이상한 기운때문에 잠이 깼습니다. 그것은 어둠 속을 기어가는 커다란 구렁이였습니다.

Il s'en retourna dans la nuit froide de l'hiver, mais décida de ne pas s'éloigner de la caverne. Heureusement, il trouva, dans un creux entre deux rochers, un épais tapis de feuilles sèches, où il s'abrita. Tout en grelottant, il pensait aux siens, à sa famille, à ses amis, à sa fiancée. Qu'aurait-il donné pour une chaude bouillie de riz ? Puis, engourdi par le froid, il finit par s'endormir.

Au bout d'un moment, Kang-saeng fut tiré de son sommeil par un bruit insolite. C'était trois gigantesques serpents qui rampaient dans la nuit.

그는 무서웠지만, 그 구렁이들을 관찰했습니다. 구렁이들은 늙은이가 있던 동굴로 곧장 기어갔습니다. 거기에서 구렁이들은 사람으로 변했습니다.

"아버지, 돌아왔습니다."

세 명이 외쳤습니다.

"돌아온 것을 환영한다, 아들들아. 그런데 왜 이렇게 늦었느냐?"

여행객은 그 늙은이가 정상이 아니라는 것을 알아차렸습니다. 그는 강력한 마술사인 것 같았고 그 노인 또한 사람으로 변하는 구렁이가 확실했습니다. 강생은 그들이 이야기하는 것을 듣기 위해 귀를 내밀었습니다.

Malgré sa peur, il observa les reptiles ; ils se faufilaient tout droit vers la grotte du vieil homme. Là, ils se transformèrent en hommes.

– Père, nous voilà revenus, lancèrent les trois hommes.

– Soyez les bienvenus mes fils, répondit le vieux, mais pourquoi donc êtes vous si en retard ?

Le voyageur en était sûr, ce vieillard n'était pas ordinaire. Ce devait être un puissant sorcier et lui aussi devait être un homme serpent. Il tendit l'oreille pour savoir ce qu'ils se racontaient :

"우리는 우리의 길을 막은 한 여자 때문에
늦었습니다."

사람으로 변한 구렁이 중 첫째가 말했습니다.

"하지만 우리는 독니로 그 여자를 물었죠."

이어서 둘째가 말했습니다.

"독이 심장에 다다를 때 쯤, 그 여자는 죽을 거예요."

뒤이어 셋째가 말했습니다.

"누군가 새해의 정월 첫 12일에 해독제를 주지 않는다면 말이지."

늙은이가 말을 이었습니다.

"하지만 누군가 참기름으로 그 상처를 문지른다는 생각을 가질 수도 있지 않습니까?"

첫째가 자문했습니다.

"또 그 기름을 그 여자의 집과 마을의 입구에 바르면요?"

둘째가 한술 더 떠서 말했습니다.

"안 돼! 말하지 마! 나 속이 안 좋아지려고 해!"

셋째가 말을 퍼부었습니다.

"걱정하지 마. 아무도 참기름이 우리들을 죽이는 독이란 걸 모를 거야."

노인은 그들을 진정시켰습니다.

'그러니까 여기서 가까운 마을에 위험에 처한 여인이 있단 말이지!'

강생은 속으로 말했습니다.

– Nous avons été mis en retard par une femme qui nous barrait le chemin, dit l'un des trois hommes serpents.

– Mais nous l'avons mordue de nos crochets, enchaîna le second.

– Quand le poison atteindra son cœur, elle en mourra, poursuivit le troisième.

– A moins que quelqu'un ne lui donne l'antidote trois jours avant le nouvel an lunaire, reprit le vieil homme.

– Mais qui pourrait avoir l'idée de masser sa morsure avec de l'huile de sésame ? s'interrogea le premier.

– Ou d'en badigeonner la porte de sa maison ? Et celle du village ? renchérit le second.

– Oh non ! Ne dis pas ça ! vomit le troisième, tu vas me rendre malade !

– Il n'y a pas d'inquiétude à avoir, tempéra le vieux, aucun homme ne sait que l'huile de sésame est un poison pour nous autres.

« Il y a donc une femme en danger dans un village tout près d'ici » se dit le voyageur.

대화를 다 엿들은 후 그는 다시 출발했고 길을 질주했습니다. 칠흑 같은 밤과 혹한 속에서 그는 몇 번이고 언 길 위에서 미끄러지고 넘어졌지만 멈추지 않았습니다. 만약 그에게 큰 화가 다가옴에도 서두르지 않는다면, 그 가엾은 여인은 매우 심각한 상태가 될 것이기 때문입니다.

아침 해가 밝았을 때, 마침내 그는 큰 소란이 난 마을에 도착했습니다.

Aussitôt, il reprit sa route et dévala le chemin à toute vitesse. Dans la nuit noire et glaciale, il glissa et tomba à plusieurs reprises sur le sol gelé, mais rien n'arrêta sa course. S'il ne se dépêchait pas, un grand malheur allait arriver, cette pauvre femme devait être dans un état très grave.

Quand l'aube pointa, il arriva enfin au village où régnait une grande agitation.

"무슨 일 있소?"

그는 한 시골 여인에게 물었습니다.

"나리! 저희 집의 한 여인이 구렁이에 물렸습니다! 이맘때쯤에는 생각도 할 수 없는 일입니다! 마귀가 저희 마을 주위를 돌아다니는 게 틀림없습니다."

강생은 재빨리 문제의 여인의 집에 데려다 달라고 했습니다.

여인은 너무나도 창백했습니다.

그녀에게 죽음이 임박한 것이 확실했습니다.

"만약 구렁이가 그녀를 물었다면 내가 고치는 법을 알지! 하지만 난 새해의 정월 첫 12일 전에는 아무것도 할 수 없소."

따라서 그는 열흘 동안 마을에서 머물렀고, 그 죽어가는 불쌍한 여인을 지켜봤습니다.

– Que se passe-t-il ? demanda-t-il à une paysanne.

– Seigneur ! Une femme de chez nous a été piquée par un serpent ! En cette saison, c'est impensable ! Un esprit malin doit rôder autour de notre village.

Kang-saeng se fit conduire en toute hâte chez la femme en question. Elle était pâle, tellement pâle : c'était certain, ses jours étaient comptés.

– Si un serpent l'a mordue, je connais un moyen pour la guérir ! s'exclama Kang-saeng. Mais, je ne pourrai rien faire avant le jour qui précède l'avant-veille du nouvel an lunaire.

Ainsi, il resta au village pendant une dizaine de jours et observa la pauvre femme qui agonisait.

정월대보름 3일전의 해가 밝았을 때, 그는 알렸습니다.

"참기름을 가져오시오!"

"참기름이요? 하지만 참기름으로 뭘 하길 원하십니까? 지금은 먹을 시간이 없습니다!"

시골 주민들은 반발했습니다. 모두가 그의 주문이 말도 안 된다고 생각했습니다. 그러므로 아무도 참기름이 구렁이에게 물린 상처에 좋다고 말하는 것을 믿지 않았습니다. 그러나 강생은 끈질기게 요구했습니다.

"이것은 이 여인을 치료하기 위함이요! 다른 치료법은 없소. 참기름은 매우 좋은 치료제요. 나를 믿으시오!"

그러자 사람들은 그에게 바로 참기름 한 병을 가져다 주었습니다. 그 여인이 치료되지 않더라도, 사람들은 그녀의 병에 대해 할 수 있는 것이 아무것도 없었기 때문입니다. 강생은 환자의 발목에 참기름을 발랐고, 상처에 잘 스며들도록 발목 주위를 골고루 문질렀습니다. 그러자 갑자기 그 가엾은 여인이 혈색을 되찾았고 열은 내렸습니다. 그리고 그녀는 기나긴 악몽에서 깨어났습니다. 악몽에서 깨어난 여인은 눈을 떴고 물었습니다.

"여기가 어딘가요? 무슨 일이 있었죠? 구렁이들이 내 꿈속에서 떠나갔어요!"

모두가 강생에게 박수를 쳤고, 그의 치료하는 기술을 칭찬했습니다. 왜냐하면 모두의 희망대로 여인을 구해냈기 때문이었습니다.

A l’aube du troisième jour avant le nouvel an, il annonça :

– Qu’on m’apporte de l’huile de sésame !

– De l’huile de sésame ? répliquèrent les villageois. Mais que voulez vous donc faire avec de l’huile de sésame ? Ce n’est pas le moment de préparer à manger !

Tout le monde trouvait cette demande absurde, car on n’avait jamais entendu dire que l’huile de sésame était bonne contre les morsures de serpents. Mais Kang-saeng insista :

– C’est pour soigner cette femme ! Il n’y a pas d’autre solution. L’huile de sésame est un très bon remède, croyez-moi !

Alors, sans plus tarder, on lui en apporta une bouteille. Au moins si cela ne la guérissait pas, cela ne pouvait pas lui faire de mal. Il en oignit la cheville de la malade et la massa tout autour de la morsure pour que l’huile pénétrât bien.

Tout à coup, la pauvre femme reprit des couleurs, la fièvre tomba et, comme si elle se réveillait d’un long cauchemar, revint à elle, ouvrit les yeux et demanda :

– Où suis-je ? Que s’est-il passé ? Les serpents ont quitté mon sommeil !

Tous applaudirent Kang-saeng, et louèrent ses talents de médecin car, contre toute espérance, la femme était sauvée.

"이게 다가 아니오. 아직 그 혐오스러운 구렁이들을 사냥하는 것이 남았소. 참기름을 더 많이 가져오시오. 내가 이 집의 문에 참기름을 칠할 것이오. 그리고 또한 이 마을의 입구에 참기름을 발라야 하오."

모두들 강생이 요구한 대로 했습니다. 그러고 나서 그들은 강생과 함께 노인이 있던 동굴로 갔습니다. 놀랍게도 그들은 그곳에서 고통에 꿈틀거리는 네 마리의 거대한 구렁이를 발견했습니다. 그리고 마침내 구렁이들은 죽었고, 주민들은 한 번 더 강생에게 갈채를 보냈습니다. 그렇지만 강생으로서는 어떤 마술이 작용해서 참기름으로 그 구렁이들을 죽일 수 있었는지 이해할 수 없었습니다. 더 나쁘게도, 그가 돌아갈 때 불쾌한 감각을 느꼈습니다. 이상한 것이 그의 마음 속에 침투했습니다. 그것은 구렁이의 영혼이 완전히 소멸하지 않았고, 새로운 숙주를 손에 넣은 것이었습니다.

– Ce n'est pas tout, ajouta Kang-saeng, il reste encore à chasser pour toujours tous ces maudits serpents. Apportez-moi davantage d'huile, je vais en appliquer sur la porte de cette maison, et il faut aussi en badigeonner la porte du village.

Tout fut fait comme le voyageur l'avait recommandé. Puis, accompagné des villageois, il retourna à la grotte du vieil homme. Là, tous découvrirent avec stupéfaction quatre énormes serpents qui se tortillaient de douleur. Lorsque enfin, ils expirèrent, les villageois acclamèrent encore une fois le voyageur.

Cependant, pour sa part, il ne comprenait toujours pas par quelle magie l'huile de sésame avait pu occire ces vilains reptiles. Pire, quand il reprit son chemin, il eut une désagréable sensation : une étrange entité s'insinuait dans son âme.

L'esprit du reptile n'avait pas totalement succombé et avait pris possession d'un nouvel hôte.

물고기가 맺어준 인연
Le serment du poisson

한국어 번역 김서연 Kim Seo-yeon
프랑스어 번역 김단희 Kim Dan-hee, 김현정 Kim Hyeon-jeong, 장은비 Jang Eun-bee
그림 오수진 Oh Su-jin

옛날에 젊은 처녀가 강원도의 큰 항구 도시인 강릉에 살고 있었다. 그 처녀는 매일 못가로 와서 물고기들에게 먹이를 주곤 하였다. 그녀는 먹이를 주는 것뿐만 아니라, 물고기들에게 힘든 일, 즐거운 일, 희망 등도 중얼거렸다. 어느 날 젊은 선비가 과거 공부를 위해 서울에서 강릉으로 왔다. 그의 부모님은 도성의 소란함과 떨어진 곳이 공부를 하기 위한 최상의 조건이라고 생각하셨다.어느 좋은 날, 시를 쓰기 위한 영감을 찾다가 선비는 우연히 못가에서 처녀를 만나게 되었다. 그는 처녀를 발견한 순간 눈 깜짝할 사이에 처녀에게 반하였다. 그는 매일 아침 못가로 와서 그 처녀를 응시했고 처녀가 물고기에게 관심을 보이는 모습을 관찰했다.

그 역시 태연하게 있지는 않았고 그들이 짧은 눈길을 교환할 동안에 그녀의 뺨이 붉어지는 것을 보았다고 믿었다.

Jadis, une jeune femme vivait dans la ville de Gang-neung, grand port de la province de Gangwon. La belle venait tous les jours au bord d'un étang et donnait à manger aux poissons. Non seulement cela, mais tandis qu'elle les nourrissait, elle leur murmurait ses peines, ses joies et ses espérances. Un jour, un jeune confucianiste vint de Séoul à Gang-neung pour étudier les lettres en vue de passer les examens officiels. Loin de l'agitation de la capitale, ses parents pensaient qu'il y trouverait les conditions idéales pour étudier en toute tranquillité. Un beau matin, en recherche d'inspiration pour la composition de poèmes, notre jeune étudiant rencontra par hasard la demoiselle au bord de l'étang. Il la trouva si belle qu'en un instant, il s'en éprit. Il revint le lendemain matin au bord de l'eau, puis le matin suivant et à chaque fois, il y contemplait la jeune femme et observait l'étrange attention qu'elle portait aux poissons. Lui non plus ne la laissait pas indifférente et il avait même cru voir ses joues rosir lors de leurs brefs échanges de regards.

어느 저녁, 그는 불타는 사랑을 고백하는 편지를 썼고 다음 날, 같은 장소에서 용기를 내어 그는 처녀에게 고백했다.

"우리가 못에서 서로 마주친 지 며칠이 지났소. 나는 이곳에서 당신을 보기위해 다시 오는 것을 멈추지 않을 것이오. 내가 당신을 본 순간, 내 마음은 흥분했소. 사랑의 표시로 이 편지를 받아 주시오."

그녀는 얼굴이 뜨거워지는 것을 느꼈다. 그녀 또한, 그 젊은 선비를 좋아하고 있음을 느꼈다.

그녀는 그와 같은 남자와 결혼하는 소망을 물고기에게 털어놓곤 하였다. 그래서 그녀는 고갯짓으로 공손하게 그에게 동의했다.

"선비님, 만약 당신이 과거 시험에 합격하고 우리가 각자의 부모님께 허락을 받는다면, 저는 당신을 따르겠어요."

"나는 과거시험에 합격하기 위해 공부를 열심히 할 것을 당신에게 맹세하겠소."

젊은 남자가 약속하였다.

"만약 내가 과거 시험에 합격하면, 우리 부모님은 우리의 결혼을 거절할 이유가 없을 것이오."

Un soir, il écrivit une lettre d'amour déclarant sa flamme et le jour suivant, au même endroit, prenant son courage à deux mains, il confessa à la jeune femme :

– Cela fait plusieurs jours que nous nous croisons au bord de cet étang et je ne cesse de revenir pour vous y voir. Du moment où je vous ai vu, mon cœur est en émoi. Souffrez Mademoiselle, d'accepter cette lettre en gage de mon amour.

La douce sentit le rouge lui chauffer le visage. Elle aussi trouvait ce jeune confucianiste fort à son goût ; elle avait même confié aux poissons son désir d'épouser un homme tel que lui. Alors, elle acquiesça humblement d'un signe de tête puis lui répondit avec grâce et sagesse :

– Monsieur, si vous êtes admis à l'examen officiel et si nous recevons la permission de nos parents respectifs, je vous obéirai.

– Je fais ici serment d'étudier assidûment pour réussir tous les concours, promit le jeune homme. Si je suis reçu, nos parents n'auront aucune raison de refuser notre union.

Les jours suivants, les amoureux continuèrent de se voir au bord de l'étang dans la plus grande discrétion. Ils s'échangeaient poèmes d'amour et regards langoureux. Dans leurs rondes à jamais silencieuses, seuls les poissons, de leurs yeux toujours ouverts, étaient les témoins muets de cet amour.

Malheureusement, cette idylle dut prendre fin : le jeune confucianiste fut contraint de quitter Gangneung pour l'examen officiel triennal à Séoul. Ils se rencontrèrent une dernière fois la veille du départ du garçon.

– Je pars demain, annonça-t-il, les examens sont pour bientôt, et il n'y en aura pas d'autres avant trois ans. Mais si tout se passe bien, après l'annonce des résultats, je devrais recevoir la permission de mes parents et je reviendrai. Promettons-nous de nous revoir et de nous unir.

– Oui, qu'il en soit ainsi, répondit la jeune femme, je vous attendrai, mais faites bien attention à vous.

며칠 후, 연인은 남몰래 못가에서 만남을 계속하였다. 그들은 사랑의 시와 사랑의 눈길을 교환하였다. 그들의 조용한 만남에서 물고기만이 그 사랑의 말 없는 목격자였다.

젊은 선비는 서울에서 3년마다 있는 과거시험을 보기 위해 강릉을 떠나야 했기 때문에 불행히도, 이 순정적인 사랑은 끝나야 했다. 출발 하루 전날 그들은 마지막으로 만났다.

"나는 내일 떠나오, 남자가 말했다, 시험이 다가왔소. 앞으로 3년간은 없을 것이오. 하지만 모든 것이 잘 지나고 결과 발표 이후 나는 부모님의 허락을 받을 수 있을 것이요, 그리고 다시 오겠소. 우리가 다시 만나 결혼할 것을 약속해주오."

"네."

처녀가 대답했다.

"저는 당신을 기다리고 기도하면서 당신을 기다릴게요."

그녀의 사랑이 떠난 후, 처녀는 고독함을 느꼈다. 그래서 마음을 달래기 위해 그녀는 연못의 물고기들과 많은 시간을 보냈다. 처녀는 부모님도 모르는 비밀스러운 사랑을 가슴 깊이 지켰다. 거의 매일 그들이 만났던 못가가 바로 이곳이다. 선비는 어디에 있나? 그는 무엇을 하고 있나? 그는 언제 돌아오나? 처녀에겐 한없이 긴 시간이었다.

그러던 어느 날, 그 사랑을 모르던 부모님이 처녀에게 아주 놀라운 소식을 전하였다.

"내 딸아."

저녁 먹을 때 아버지가 말하셨다.

"너는 18살이고 결혼 적령기가 되었단다. 그래서 우리는 이웃인 김가의 아들과 널 혼인시키기로 마음먹었다."

"그래 딸아."

어머니가 한술 더 떠서 말씀 하셨다.

"우린 이 문제를 오랫동안 논의했단다. 그 집 아들은 굉장히 좋은 결혼 상대다. 그게 이 결혼을 결정한 이유이고, 우리는 곧 결혼 날짜를 잡을 것이다."

Après le départ de son amoureux, la jeune femme se sentit bien solitaire. Alors, pour se consoler, elle passa beaucoup de temps avec les poissons de l'étang. Elle gardait au fond de son cœur un secret amour que même ses parents ignoraient. C'était ici même, au bord de l'eau, qu'ils s'étaient retrouvés presque tous les jours. Où était-il ? Que faisait-il ? Quand reviendrait-il ?… Le temps lui paraissait interminable.

Et puis, un soir, ses parents, qui ignoraient tout de leur romance, lui annoncèrent une nouvelle bouleversante :

– Ecoute ma fille, dit son père lors d'un dîner. Tu as dix-huit ans et atteint l'âge nubile. Alors, nous avons décidé de te marier avec monsieur Kim, notre voisin.

– Oui ma fille, renchérit sa mère. Nous en avons longuement discuté avec ton père. Ce monsieur Kim est un très bon parti, c'est pourquoi nous désirons cette union. Nous fixerons bientôt la date de la noce.

교양이 있는 처녀가 부모님의 의견에 반대하는 것은 불가능했다. 그렇지만 목이 메고 슬픔이 가슴을 휩쓸었다. 비탄에 잠긴 그녀는 치마의 아랫단을 찢어서 선비에게 커다랗고 붉은 비단 조각 위에 마지막 편지를 썼다. 처녀는 가장 좋은 붓을 들고 먹물을 묻혀 한자로 글을 썼다.

'내 사랑, 저는 절망에 빠졌어요! 저희 부모님이 저를 다른 남자에게 시집보내고 싶어 하세요. 저는 그분들의 의지에 맞서 할 수 있는 일이 아무것도 없어요. 너무 늦을 것이에요. 당신이 없는 하루하루가 고통의 바다예요. 어떻게 해야 하죠? 저는 이 편지가 당신에게 어떻게 도착할지 모르겠어요.'

편지는 끝이 났고, 처녀는 붉은 비단 천을 둥글게 감싸 못가로 가서 물고기들에게 슬픔을 호소하면서 물속으로 그것을 던졌다.

"이건 내 사랑을 위한 마지막 편지야, 아아, 선비님에게 보내는 것은 불가능하겠지. 고결한 물고기들아, 내 모든 상황을 다 아는 너희들이 내 이야기를 선비님에게 전해주렴."

그때, 거대한 잉어가 물 위로 뛰어오르더니 비단 뭉치를 통째로 꿀꺽 삼켰다. 그리고 마지막 소망을 단숨에 먹어 삼켰다.

En jeune fille bien élevée, aller à l'encontre de la décision de ses parents lui était impossible. Cependant sa gorge se noua et la tristesse envahit son cœur. Dans sa détresse, elle déchira le bas de sa jupe et écrivit sur la large bande de soie rouge une ultime lettre au jeune confucianiste. Elle prit son meilleur pinceau, le trempa dans l'encre noire et dessina en caractères *hanja*[2] :

– Mon amour, je suis au désespoir ! Mes parents veulent me donner à un autre homme. Je ne peux rien entreprendre contre leur volonté. Bientôt, il sera trop tard ! Chaque jour sans vous est un océan d'amertume. Que faire ? Je ne sais comment vous faire parvenir ces mots. Mon cœur se brise par tant de tristesse.

Sa lettre finie, elle roula l'étoffe de soie rouge, se rendit au bord de l'étang et la lança dans l'onde, en s'adressant aux poissons :

– Voici ma dernière lettre pour mon amoureux, hélas, il m'est impossible de la lui envoyer. Nobles poissons, vous, qui savez tout de ma situation, transmettez lui mon message.

A ce moment là, une énorme carpe bondit au dessus de l'onde et goba tout rond la pièce de soie rouge. Et ne fit qu'une seule bouchée de son dernier espoir.

2 idéogrammes chinois utilisés dans l'écriture coréenne.

그 시각 서울에서는 젊은 선비가 글 공부에 파묻혀야 할 시기인데도 선비는 그의 사랑을 생각했다. 어느 날, 선비는 아버지의 생일상을 차리기 위해 장을 보러 나갔다. 물고기 장수 앞을 지나는 순간, 거대한 잉어가 그의 눈에 띄었다. 그는 틀림없이 저 놀라운 물고기가 아버지의 맘에 들것이라고 생각했고 그는 그걸 사기로 결심했다. 장수는 선비에게 두 냥을 요구했고 그는 의외의 발견에 몹시 기쁜 상태였기 때문에 가격을 흥정할 생각은 하지 않았다.

의기양양해진 선비는 시장에서 돌아왔고 요리사에게 넓은 장소에서 이 훌륭한 찬거리를 준비하라고 명했다. 노련한 하인은 좋은 칼 중 하나를 가져와서 한 번의 빠른 손짓으로 그 물고기의 배를 갈랐다. 그리고 말했다.

"오, 이런! 이게 뭐람?"

요리사는 놀라워서 소리를 쳤다. 그녀는 잉어의 배 속에 들어있던 붉은 비단 조각을 꺼냈다. 그 후, 선비는 그것을 움켜쥐고는 낡은 헝겊을 펼쳤다, 거기에 있는 그의 애인의 한자 글씨를 알아보고는 울었다.

Pendant ce temps à Séoul, lorsque le jeune confucianiste n'avait pas le nez dans ses livres, il pensait à son amour. Un jour, il décida d'aller au marché afin de faire quelques emplettes pour l'anniversaire de son père. En passant devant l'étal d'un poissonnier, il remarqua une magnifique carpe. A coup sûr, ce superbe poisson plairait à son père. Aussi il décida de l'acheter. Le vendeur lui en demanda deux nyangs, et comme il était tellement ravi d'avoir fait une si belle trouvaille, il ne pensa même pas à en négocier le prix.

Fier comme un coq, il rentra du marché et ordonna à la cuisinière de préparer sur le champ ce merveilleux achat. La vieille domestique prit un de ses meilleurs couteaux, fendit d'un geste rapide le ventre de la bête et :

– Oh mais qu'est-ce que c'est que ça ? s'écria-t-elle de surprise.

Elle sortit du ventre de la carpe un morceau de soie rouge. Aussitôt, le jeune homme s'en saisit, déplia le chiffon, y reconnu des caractères *hanja* de son amante et pleura.

그는 그 물고기와 편지를 아버지께 가져갔고, 공손하게 꿇어앉아 설명했다.

"저를 용서 하세요 아버지. 제가 강릉에 있었을 때 제가 반한 여인이 있었습니다. 저는 그녀에게 저의 과거 시험이 끝난 후 결혼을 하겠다고, 평생 그 여인의 동반자로 살겠다고 맹세를 했습니다. 아아! 오늘 저도 몰랐던 놀라운 일이 일어났습니다. 그녀가 직접 쓴 편지를 품은 물고기를 제가 사 왔어요. 보세요! 이 천 조각이 오늘 아침에 산 그 물고기 뱃속에 있었던 것입니다. 아버지처럼 저희의 맹세를 모르시는 그녀의 부모님은 다른 남자와 혼인을 준비하고 계세요. 아버지, 전 어떻게 해야 하죠?"

"아들아, 네가 공부를 하기위해 강릉에 있었을 때 너의 마음을 사로잡은 여인이 있다는 것은 받아들일 수 없는 일이다."

크게 화가 난 아버지가 선비를 꾸짖으셨다.

"우리는 지금 우리를 능가하는 힘을 마주하였다. 너의 운명은 지금 이 붉은 비단에 묶였다. 빨리 떠나라, 가서 너의 여인을 데려오너라. 하지만 그 전에 나는 그 여인의 부모님에게 편지를 써야겠다. 네가 가지고 가거라."

Il emporta le poisson et la lettre de soie rouge à son père et, honteux, s'agenouilla avec déférence, puis expliqua :

– Pardonnez-moi mon père. Lorsque j'étais à Gangneung, je me suis épris d'une jeune femme. Je lui ai fait serment de l'épouser après ma réussite aux examens, et j'ai juré de passer toute ma vie en sa compagnie. Hélas ! Voilà qu'aujourd'hui, par je ne sais quel prodige, un poisson portait en son ventre un message écrit de sa main. Regardez ! Ce morceau d'étoffe était dans cette carpe achetée ce matin même ! Ses parents, tout comme vous, ignorent notre serment et s'apprête à la marier à un autre homme. Mon père, que je dois faire ?

– Il est intolérable, mon fils, que tu aies séduit une fille, alors que tu étais supposé étudier à Gangneung, gronda le père fort en colère. Mais nous voilà face à des puissances qui nous dépassent. Ton destin est maintenant lié à cette pièce de soie rouge. Pars vite et ramène notre fille. Mais avant, je vais écrire une missive destinée à ses parents ; tu l'emporteras avec toi.

마지막 날, 선비의 아버지는 결혼을 승낙했고 처녀를 서울로 데리고 오기 위해 처녀의 가족들을 초대했다. 따라서 젊은 선비는 그 물고기와 편지를 갖고 재빠르게 출발했다. 그 뿐만 아니라 결혼 선물도 가지고 갔다. 그가 강릉에 도착했을 때, 결혼은 이미 시작되어 있었다. 그가 손님들을 헤치고 처녀의 아버지께 만남을 요청했다.

"아버님,"

그가 간청했다.

"몇 달 전에, 따님과 저는 변함없는 사랑을 맹세했습니다. 그리고 바로 어제, 기적이 나타났습니다. 낭자가 직접 쓴 이 편지가 물고기를 통해 서울에 있는 저에게 도착했습니다. 저희 아버님도 인정하셨고, 저는 제가 할 수 있는 만큼 빨리 왔습니다. 제가 따님을 사랑하는 것을 알아주세요. 저는 죽을 때까지 그녀를 보호할 것을 약속합니다."

Dans cette dernière, le père du gentilhomme consentait au mariage et invitait la famille de la jeune femme à prendre leurs dispositions afin de la faire venir à Séoul. Ainsi, le jeune confucianiste partit en toute hâte, emportant avec lui le poisson, la soie rouge, la lettre de son père, mais aussi des cadeaux de mariage. Quand il arriva à Gang-neung, la noce avait déjà commencé. Il fendit la foule de convives et, dans un même élan, demanda audience au père de la belle :

– Père, supplia-t-il, il y a plusieurs mois, votre fille et moi nous sommes jurés fidélité. Et voilà qu'hier, un prodige est survenu. Cette lettre écrite de sa main m'est parvenue à Séoul par l'entremise de ce poisson. Avec la bénédiction de mon père, je suis venu aussi vite que j'ai pu. Sachez que j'aime votre fille. Je désire la protéger jusqu'à la fin de mes jours.

"아! 당신의 진정한 사랑에 하늘이 감동했나 보구나."
처녀의 아버지가 대답했다.

"이 둘의 사랑은 사람의 뜻을 꺾었습니다. 오늘은 결혼식입니다. 당신이 나에게 가져온 소식은 굉장히 예기치 않았지만, 저는 이 결혼을 파해야겠습니다."

그리고 모인 사람들 앞에서 처녀의 아버지는 이 놀라운 상황을 설명했다. 그 말을 듣자 이 기적에 모두들 경탄했고, 그들은 선비와 처녀를 축하했다. 새로운 짝은 결혼을 허락받았다. 옆에 있던 약혼자도 파혼에 동의했다. 축제는 재개되었고 이 두 사람은 결혼해서 영원히 행복하게 살았다.

– Oh ! Le ciel a été ému par la sincérité de vos sentiments, répondit le père de la jeune femme. Cette histoire dépasse la volonté des hommes. Aujourd'hui est un jour de mariage ! Les nouvelles que vous m'apportez sont vraiment déconcertantes, mais malgré cela, je vois bien que ma fille doit se séparer du fiancé que nous lui avons choisi.

Puis devant toute l'assemblée réunie, le père expliqua l'extraordinaire situation. A ses mots, tous furent émerveillés par ce miracle, ils félicitèrent le confucianiste et la jeune femme. Le couple à nouveau réuni reçut la permission de convoler en justes noces. De son côté, le promis consentit à la rupture de ses fiançailles. La fête reprit et l'on maria les deux amoureux qui vécurent heureux de nombreuses années.

우렁각시
L'épouse sortie des eaux

한국어 번역 신유란 Shin Yoo-ran
프랑스어 번역 노미영 No Mi-yeong, 송숙인 Song Sook-in
그림 이아녕 Irene A. Lee

옛날 옛적에, 마음씨 착한 농부가 살고 있었습니다. 결혼할 나이가 되기 전까지만 해도, 그는 살아가는 데 있어 아무런 문제가 없었습니다. 이는 그가 굉장히 열심히 사는 농부였기 때문입니다. 그러나 결혼할 나이가 되었을 때, 어느 여자도 그와 결혼하고 싶어하지 않았습니다. 이것이 그의 유일한 걱정이었습니다.

어느 날, 논에서 일을 하고 있던 농부는 혼자 중얼거렸습니다.

"어휴, 이 쌀을 다 수확한다 한들, 이 쌀을 다 누구랑 먹는담?"

그 때, 기척도 없이 아름다운 목소리가 농부의 귀에 들렸습니다.

"나하고 먹지!"

누군가 말했습니다. 깜짝 놀란 농부는 주변을 두리번거렸습니다. 그러나 주변에는 아무도 없었습니다.

"거 참 이상하네. 내가 잘못 들었나."

농부가 말했습니다. 농부는 다시 모를 심으며 중얼거렸습니다.

"이 쌀을 다 수확한다 한들, 이 쌀을 다 누구랑 먹는담?"

"나하고 먹지!"

누군가가 작은 목소리로 한 번 더 대답했습니다.

농부는 목소리가 한 번 더 들렸던 곳으로 발걸음을 옮겼습니다. 그러나 이번에도 주위에는 아무도 없었습니다.

"거 참 이상하네! 누가 이 논에 있는 거지? 그럴 리가 없는데…"

그가 말했습니다.

유심히 모를 둘러보던 중, 그는 아주 큰 우렁이 한 마리를 발견했습니다.

"와, 이 우렁이는 내 주먹만 하네. 우렁아, 네가 대답한 거니?"

농부가 우렁이에게 물었습니다. 그리고 곧 그는 실소를 터뜨리고 말았습니다. 그 어느 누구도 우렁이가 말을 할 수 있을 거라고는 상상하지 않을 것이었기 때문입니다.

Autrefois, il y avait un jeune homme qui avait bon cœur. Il n'avait aucun problème pour mener sa vie car il était un paysan travailleur. Cependant, bien qu'il fût en âge de se marier : aucune femme ne voulait l'épouser. C'était son seul souci.

Un jour, alors qu'il travaillait dans les rizières, il se lamenta :

– Pfiou, même si je cultive le riz, avec qui le mangerai-je ?

A ce moment là, sans savoir d'où elle venait, une très belle voix lui répondit.

– Mangez-le donc avec moi !

Il fut surpris et regarda de tous côtés, mais il ne vit personne.

– C'est étrange. J'ai dû mal entendre, se dit-il.

Puis, continuant à planter son riz, l'homme murmura pour lui même.

– Même si je cultive le riz, avec qui le mangerai-je ?

– Mangez-le avec moi ! répondit encore la même petite voix.

Alors, il se dirigea directement vers l'endroit où la voix se faisait entendre.

Cependant, cette fois encore, il n'y trouva personne.

– C'est vraiment bizarre. On dirait qu'il y a quelqu'un sous la terre ? Non, ce n'est pas possible, s'exclama-t-il.

Puis, examinant la rizière avec plus d'attention, il découvrit une paludine extraordinairement grande.

– Ouah, cette paludine est aussi grosse que mon poing. Paludine, est-ce toi qui m'as répondu ? lui demanda-t-il.

Il laissa échapper un petit éclat de rire car personne ne pensait qu'une paludine pouvait parler.

농부는 그 우렁이를 집으로 가지고 와 물독 안에 넣어 두었습니다.

다음 날 저녁, 농부가 논에서 돌아왔을 때, 마루에 한 상 가득 차려진 식사를 발견하고는 크게 놀랐습니다.

"대체 무슨 일이 일어났던 거지? 누가 왔다 간 거지?"

그가 중얼거렸습니다.

Pourtant, il l'emporta chez lui et la mit dans un pot à eau.

Le lendemain soir, quand il rentra des rizières, il fut étonné de trouver son repas sur *le maru*[3]. La vapeur s'échappait du riz et de la soupe, la salade était fraîche : la table était bien garnie.

– Que s'est-il passé ? Qui donc est venu me préparer le dîner pour repartir ensuite ? se demanda le paysan.

3 Le maru (마루) est dans l'habitat traditionnel coréen une terrasse en bois qui fait transition entre l'intérieur et l'extérieur de la maison. C'est un espace de convivialité.

너무나도 배가 고팠던 농부는 어깨를 한 번 들썩이고는 밥을 먹었습니다. 그러나 다음 날 저녁, 농부는 또다시 차려진 저녁식사를 발견했습니다.

"그거 참 이상하네! 누가 이렇게 밥을 차려놓는 거람?"

그가 말했습니다.

그는 누가 이런 식사를 준비하는지 호기심이 생겼습니다. 그래서 다음 날, 그는 일하러 나가는 척하며 몰래 나무 뒤에 숨어 집 안을 지켜보았습니다. 그는 때가 되기를 기다렸습니다. 그러자, 선녀와도 같은 여자가 나타났습니다. 그녀는 물을 긷고, 집안 청소를 하고, 빨래를 했으며 열심히 식사를 준비했습니다. 모든 일을 끝내자, 그녀는 사라졌습니다.

Mais, tenaillé par la faim, il haussa les épaules et mangea de bon appétit. Le soir suivant, une fois encore, quelqu'un, en son absence, lui prépara son dîner.

– C'est étrange ! Qui donc peut venir dresser ma table ? se demanda-t-il.

Il était curieux de savoir qui avait fait ça. Alors, le lendemain, il fit semblant d'aller travailler, se cacha derrière un arbre et observa secrètement sa maison. Il attendit pendant un bon moment, c'est alors qu'une fée apparut. Immédiatement, elle se mit à la tâche avec ardeur : puisa de l'eau, nettoya, fit la lessive et cuisit du riz. Aussitôt ses travaux finis, elle disparut.

"정말 아름다운 여자다! 내일은 꼭 그녀를 잡아야지!"

라고 농부는 다짐했습니다. 다음 날 아침, 농부는 집 울타리 뒤에 숨어 집 안을 지켜보고 있었습니다. 얼마 지나지 않아, 우렁이는 물독에서 나와 아름다운 여인으로 변했습니다.

"이럴 수가! 저건 우렁이잖아!"

농부는 소리를 지르고 말았습니다.

– C'est une belle femme ! souffla le jeune homme. Demain, je la retiendrai ! décida-t-il.

Le matin suivant, le paysan se cacha derrière la haie de sa maison. Quelques minutes plus tard, la paludine sortit du pot à eau et se changea en belle femme.

– Mon dieu ! s'exclama-t-il, c'est la paludine !

한 치의 망설임도 없이, 농부는 우렁이에게 달려가 그녀의 손을 붙잡고, 말했습니다.
"기다려요! 가지 말고 나와 함께 살아요!"
그녀는 기쁨으로 얼굴을 붉히며 고개를 끄덕였습니다. 그리하여 농부와 우렁이는 결혼을 했고, 행복한 나날을 보냈습니다.

Sans plus attendre, il courut vers elle, lui attrapa la main et lui dit :
– Attendez ! Ne disparaissez pas et vivez avec moi !
Alors, elle hocha la tête en rougissant de plaisir. Ils se marièrent et vécurent des jours heureux.

그러나 어느 날 커다란 불행이 그들 앞에 닥쳤습니다. 농부와 그 아내가 살고 있는 마을을 지나가던 왕이 농부의 아내에게 반해버리고만 것입니다.

“이 젊은 여인은 정말 아름답구나!”

그가 말했습니다.

그는 타고 있던 가마를 멈추게 하고, 신하에게 물었습니다.

“아, 너는 저 여인이 누군지 아느냐?”

“그녀는 부지런한 농부의 여인입니다.”

신하가 답했습니다.

왕은 그 여인에 대해 한참을 생각하다가 궁궐로 돌아왔습니다.

궁궐로 돌아왔을 때에도, 왕은 계속해서 그 여인을 생각하고 있었습니다. 곧, 왕은 질투심에 사로잡혔습니다.

Mais un jour, un grand malheur arriva. Le roi passa par le village où le couple habitait et tomba amoureux de la femme du paysan.

– Cette jeune fille est incroyablement belle ! se dit-il.

Il arrêta son palanquin et demanda à son domestique :

– Eh ! Sais-tu qui est cette jeune personne ?

– C'est la femme d'un bon paysan, répondit-il.

Suite à cette information, le roi n'insista pas. Cependant, après être rentré dans son palais, il continuait de penser à elle, la jalousie était entrée dans son cœur.

'어떻게 하면 그 농부의 여인을 가질 수 있단 말인가?'

그는 자문했습니다.

신중히 고민한 뒤, 왕은 신하를 불러 명령했습니다.

"그 여인의 남편을 데리고 오너라!"

왕은 궁궐로 데리고 온 농부에게 물었습니다.

"너는 어찌하여 그토록 아름다운 여인을 얻을 수 있었단 말이냐?"

농부는 그 당시 벌어진 상황에 대해 왕에게 상세히 설명했습니다. 농부의 이야기를 듣고 난 후, 왕은 처음보다 더 농부를 시기하게 되었습니다. 잠시 후, 그는 농부에게 제안했습니다.

"나와 함께 장기를 두자꾸나. 네가 만약 경기에서 이긴다면, 너에게 내 영토의 절반을 주도록 하마. 그러나 네가 진다면, 너는 내게 네 아내를 넘겨주어야 한다. 알겠느냐?"

농부는 이 제안을 거절할 수 없었습니다. 그래서 농부는 울상을 한 채 집으로 돌아왔습니다. 농부의 부인은 우울해 보이는 남편이 걱정되어 남편에게 물었습니다.

« Qu'est-ce que je pourrais faire pour ravir cette femme à son paysan ? » se demanda-t-il.

Après avoir mûrement réfléchi, il appela son valet et ordonna :

– Amène-moi le mari de cette femme !

Lorsque l'homme arriva au palais, le roi lui demanda.

– Comment peux-tu avoir une si belle femme ?

Le paysan expliqua en détail tout ce qu'il s'était passé. Puis, après avoir entendu son histoire, le roi devint plus jaloux encore. Quelques minutes plus tard, il proposa :

– Eh ! Jouons au *janggi*[4] . Si tu gagnes au jeu, je te donnerai la moitié de mes terres. Mais si tu perds, tu devras abandonner ta femme pour moi. D'accord ?

L'homme n'avait pas la possibilité de refuser cette proposition. Il rentra donc chez lui avec un air renfrogné. Sa femme s'inquiéta de sa triste humeur et lui demanda :

4 Le *janggi* (장기) est un jeu traditionnel coréen où deux personnes jouent en déplaçant des pièces sur un échiquier.

"서방님, 안색이 좋지 않네요. 무슨 일이 있었나요?"

농부는 왕이 제안했던 일에 대해 설명해 주었습니다.

"그는 내일 장기를 두자고 했어요. 하지만 난 장기 두는 법을 몰라요. 어떻게 하면 좋죠?"

그녀는 웃으며 대답했습니다.

"내일 파리 한 마리가 장기판 위를 날아다닐 거예요. 서방님이 그 파리가 움직이는대로만 말을 옮기신다면, 이길 수 있을 거예요."

그 말을 듣고서야, 농부는 조금이나마 안심할 수 있었습니다.

– Mon mari, vous avez l'air soucieux. Que se passe-t-il ?

Alors, il lui expliqua tout ce que le roi lui avait proposé :

– Il veut jouer au *janggi* demain. Mais je ne connais même pas les règles de ce jeu. Comment vais-je faire ?

Cependant, son épouse lui répondit en souriant :

– Demain, une mouche voltigera sur l'échiquier. Si vous déplacez des pièces en suivant la mouche, vous emportez la victoire à coup sûr.

Après avoir entendu ces mots, il se sentit enfin un peu rassuré.

다음 날, 농부는 왕과 장기를 두게 되었습니다. 그의 부인이 말했던 것처럼, 어디선가 파리 한 마리가 나타나, 두 사람 주변을 이리저리 날아다녔습니다. 파리는 장기판 쪽으로 내려와 장기가 놓인 어느 한 지점 근처에서 멈췄고, 농부는 그 자리로 장기를 옮겼습니다.

"이런! 이 파리는 어디서 온 것이냐? 훠이!"

왕이 말했습니다.

파리는 왕을 약 올렸고, 왕은 파리를 잡기 위해 팔을 이리저리 흔들었습니다. 그렇지만 파리는 계속 날아다녔고 농부는 계속해서 자신의 말을 파리가 움직이는 곳으로만 옮겼습니다.

Le lendemain, le paysan joua au *janggi* avec le roi. Comme son épouse le lui avait dit, une mouche vint voltiger autour des deux joueurs. Quand la mouche descendait se poser sur un point de l'échiquier près d'une pièce, le mari y déplaçait celle-ci.

– Zut !! D'où vient cette mouche ? Pschtt ! souffla le roi.

Elle l'irritait et il agita les bras pour la chasser. Toutefois, elle continua à voleter et le paysan, qui pouvait suivre tous ses mouvements, vainquit le roi au *janggi*.

결국 왕은 장기에서 지고 말았습니다. 그러자 왕은 분노에 차 소리쳤습니다.

"오늘은 졌지만 내일 나와 다른 경기를 치러야 할 것이다. 그것은 승마경기다. 그 경기에서는 내가 이길 것이다."

이것은 또 다른 시련이었습니다. 왜냐하면 농부에게는 말이 없었기 때문입니다. 농부는 다시 어제처럼 우울한 얼굴로 돌아왔습니다. 그리고 한숨을 쉬었습니다. 그러자 농부의 아내는 다시금 걱정하며 그에게 물었습니다.

"서방님, 서방님은 장기에서 이겼지 않습니까. 그런데 왜 하나도 기쁘지 않은 얼굴을 하고 있나요?"

"나는 내일 다른 경기를 해야 합니다. 그것도 승마경기를! 하지만 나는 말이 없고 말을 타본 적도 없는데 이를 어찌하면 좋단 말입니까."

그녀는 남편의 대답을 들으며 미소 지은 뒤 말했습니다.

"그건 아무런 문제가 되지 않아요, 서방님. 내일 아침, 서방님은 경주 지점에서 말 한 마리를 찾을 수 있을 거예요."

그 말을 들은 뒤에야, 농부는 잠이 들 수 있었습니다. 다음날 아침, 농부는 경주 지점에서 말을 발견할 수 있었습니다. 그러나 그 말은 작고 약했습니다.

'이 말은 잘 달릴 수 없을 것 같지만, 놀라운 나의 아내를 믿어야겠지'

그는 혼자 생각했습니다. 그는 말에 올라타, 왕에게 도전했습니다. 뒤에 있는 왕의 말은 건강하고 힘이 세보였습니다. 왕이 타고 있는 말은 앞서 달려나갔습니다. 농부는 빠른 속력을 내기 위해 말을 다그쳤습니다.

Alors celui-ci se mit en colère et s'exclama :

– Aujourd'hui, j'ai perdu, mais demain, tu devras encore relever un autre défi. Nous allons nous mesurer dans une course à cheval. Et cette fois-ci, je gagnerai !

C'était un autre malheur parce que le paysan n'avait pas de cheval. Il rentra avec un visage aussi renfrogné que la veille et il soupira. Alors sa femme s'inquiéta de nouveau et lui demanda.

– Mon mari, vous avez gagné au *janggi* alors pourquoi n'êtes-vous pas joyeux ?

– Je dois relever un autre défi demain, une course à cheval ! Mais je n'ai pas de bête et en plus je n'en ai jamais monté, répondit-il.

Elle sourit en l'écoutant parler et lui dit :

– Ce n'est pas un problème mon mari, demain matin, vous trouverez un cheval dans la cour.

Dès qu'il entendit ces mots, il pu trouver le sommeil.

Le lendemain matin, un cheval l'attendait dans la cour mais cet animal était petit et faible.

« Il semble que cette carne ne courra pas bien vite, se dit-il. Mais je crois en ma prodigieuse femme ».

Il monta la bête et s'en alla défier le roi. Le destrier du monarque était luisant et fort.

Dès que la course commença, le cheval du roi se rua en avant. Le paysan demanda au sien d'accélérer.

그러자 말은 왕을 지나쳐 개울을 훌쩍 뛰어넘었습니다. 왕도 개울을 넘으려 했지만 그곳에서 넘어지고 말았습니다. 그리하여 농부는 또다시 경기에서 이겼습니다. 물에 흠뻑 젖은 왕은 자신이 또다시 패배한 것을 인정하지 못하고 소리쳤습니다.

"마지막 경기는 전투다! 내가 이 경기에서 이겨, 반드시 네 부인을 내 아내로 삼을 것이다."

농부는 절망에 빠졌습니다. 그에게는 군대가 없었기 때문입니다. 그는 왕의 대답을 아내에게 들려주었습니다.

"서방님, 사실 저는 용왕님의 딸이에요. 이번 일은 제가 아버지에게 도움을 요청해볼게요."

부인은 손에 낀 옥반지를 빼주며 답했습니다.

"서방님이 이 반지를 바다에 던진다면, 도움을 받을 수 있을 거예요."

농부는 바닷가로 가 반지를 바다에 던졌습니다. 그러자 바다가 갈라지며 좁은 길이 나타났습니다. 그는 그 길을 따라 용궁 근처로 달려갔습니다.

"전하! 제 부인을 지킬 수 있도록 도와주십시오! 부탁 드립니다!"

그가 애원했습니다.

용왕은 그의 요구를 승낙하고, 그에게 호리병 하나를 주었습니다.

"받아라, 이것이 너를 도와줄 것이다."

용왕이 농부에게 말했습니다.

농부는 그 호리병을 들고 약속한 밭으로 향했습니다. 그곳에는 이미 왕과 그 군사들이 도착해있었습니다. 그러나 농부는 혼자였습니다. 왕은 그런 농부를 비웃었습니다.

"하하하! 너는 혼자 짐의 군사와 맞서 싸울 것이냐?"

그 비웃음에, 농부 한 사람만 빼고 모두 웃음을 터뜨렸습니다.

"저 자를 잡아라!"

왕이 명령했습니다.

군사들은 농부를 잡으려 했습니다. 그때, 농부는 호리병의 뚜껑을 열었고 병 안에서 수많은 군사들이 쏟아져 나왔습니다. 왕과 그의 군사들은 이미 도착해 있던 많은 수의 군사들을 보고 겁에 질려 도망쳤습니다. 얼마 지나지 않아, 조용한 밭에는 왕을 비롯한 어느 누구도 없었습니다.

그리하여 농부와 그의 우렁 각시는 평화로이 행복하게 살았습니다

Il dépassa le roi et, plus en encore, il bondit au dessus d'un ruisseau. Le roi aussi tenta de le sauter, mais il tomba dans l'eau. C'est ainsi que notre homme gagna encore ce défi. Mais le roi, trempé, ne s'avoua pas vaincu. Aussi, il cria :

– Le dernier défi sera un combat ! Je te déposséderai de ta femme si je réussis cet ultime pari.

Le paysan se sentit désespéré car il n'avait jamais été soldat. Il en parla à sa femme qui lui répondit :

– Mon mari, en fait, je suis la fille du roi de la mer. Cette fois-ci, je vais demander de l'aide à mon père, dit-elle en lui donnant sa bague en jade :

– Si vous la lancez dans la mer, vous pourrez recevoir son secours.

L'homme alla sur le rivage et jeta la bague dans les flots. Alors l'eau de mer se divisa et un chemin apparut. Il emprunta ce chemin jusqu'au palais du roi de la mer.

– Seigneur ! Aidez-moi à garder ma femme, s'il vous plaît ! implora-t-il.

Le roi de la mer accepta la requête du paysan et lui offrit une calebasse :

– Tiens, ceci t'aidera, dit le roi.

Le paysan partit avec la calebasse vers le champ de bataille où il avait rendez-vous. Là-bas, le roi et ses soldats l'attendaient déjà. Mais comme le paysan était venu seul, le roi se moqua de lui :

– Hahaha ! Vas-tu affronter mes soldats tout seul ?

A cette boutade, tout le monde éclata de rire, tous sauf une personne : le paysan.

– Attrapez cet homme ! ordonna le roi.

Les soldats essayèrent d'attraper le paysan. Mais à ce même moment, il ouvrit le couvercle de la calebasse et une multitude de soldats en sortirent.

De peur, le roi et ses soldats s'enfuirent face au nombre impressionnant de guerriers qui se dirigeaient vers eux. Depuis, dans cette campagne paisible, ni le roi, ni personne d'autre ne vint troubler la quiétude du lieu. C'est ainsi que le paysan et la paludine vécurent heureux en paix.

두꺼비의 보은
La récompense du crapaud

한국어 번역 이주희 Lee Ju-hee
프랑스어 번역 전소현 Jeon So-hyun, 김소연 Kim So-yeon
그림 박선유 Park Sun-you

어느 마을에, 사찰처럼 보이는 건물이 우뚝 서 있었다. 마을 사람들은 그곳에서 머물고 있는 신령을 위해 매년 15일째 되는 정월 대보름날에 나이 어린 처녀를 바쳤다. 그 덕분에, 제사를 올리고 잘 모시면 그 해에는 날씨도 좋았고 또 풍년이 들었었지만 이상하게도 신령에게 바쳐진 어린 처녀들은 다음 날에는 으레 죽어 있었다.

신령에게 제물을 바치기 위해서 마을 사람들은 해마다 나이 어린 처녀를 구하기에 바빴고 돈을 모아서 마땅한 사람을 사기도 하였지만, 어느 부모도 자신의 딸을 희생시키고 싶지 않아서 많은 문제가 되곤 하였다. 그에 반하여 돈이 많은 사람들은 절대적으로 자연재해를 대비하였기 때문에 마을 사람들은 가장 가난 한 집에 사는 딸을 신령에게 바치기 위해서 그의 부모부터 괴롭히기 시작했다.

"당신은 빚더미에 앉게 될 것입니다! 당신의 딸이 희생당하지 않는다면, 우리는 흉년을 당할지도 모릅니다. 당신에게 많은 돈을 드리겠으니 당신의 딸을 파세요."

우리는 이런 말을 돈이 필요한 사람들 집 에서 이 이야기를 들을 수 있었다.

"저는 제 딸을 잃고 싶지 않아요.

그는 울면서 대답을 하였다.

매년, 이것은 비극적 사건 혹은 눈물뿐이었고, 어린 처녀들이 희생당하고 난 새벽에는 항상 죽어있는 시체 하나를 발견하곤 했었다.

Dans un village, se dressait un étrange bâtiment qui ressemblait à un temple. Les habitants y vénéraient un esprit installé là. Chaque année, le quinzième jour du calendrier lunaire[5] , à l'occasion de la première pleine lune de l'année, les paysans offraient une jeune fille à l'esprit du lieu. Grâce à cela, chaque année, ils s'assuraient de la clémence des éléments et du climat, ils pouvaient ainsi jouir de bonnes récoltes.

Mais, les filles données en offrande mourraient toujours mystérieusement le lendemain. Alors tous les ans, les habitants du village devaient chercher une nouvelle jeune fille. C'en était devenu un vrai problème car, bien évidemment, aucun parent ne voulait se séparer de ses enfants et les filles ne voulaient pas se donner en sacrifice. En revanche, les notables du village et les riches propriétaires voulaient absolument se prémunir des catastrophes naturelles : ils harcelaient donc les familles les plus pauvres pour vendre leur fille :

– Vous croulez sous les dettes ! Vous devriez sacrifier votre fille, sinon nous aurons de mauvaises récoltes. Vendez-la et nous vous donnerons eun belle somme d'argent, pouvait-on entendre dans les *hanok*[6] des nécessiteux.

– Mais je ne veux pas perdre ma fille, entendait-on pleurer en réponse.

Chaque année, ce n'était que drames et larmes. Et chaque année, le lendemain du sacrifice, au petit matin, on retrouvait un corps sans vie.

5 Lors de la première nouvelle lune, les coréens comme les chinois et les japonais fêtent Seolnal (설날) : le premier jour de l'année lunaire. Deux semaines plus tard, le 15e jour du calendrier lunaire, ils célèbrent un autre rite cyclique de l'année : Daeboreum (대보름), une coutume ancestrale où ils honorent la première pleine lune de l'année. Traditionnellement dans les sociétés agraires, la lune est liée à la terre et la terre est l'un des éléments primordiaux pour la vie.

6 *Hanok* (한옥) est le nom donné aux maisons traditionnelles coréennes. Elles étaient construites de matériaux naturels tels que la terre, le bois, le papier et le chaume pour les plus pauvres (chogajip : 초가집). Les nobles et les plus riches utilisaient la pierre et avaient des toits de tuiles en céramique.

이 마을에 지극히 효성스러운 한 처녀가 있었고 그녀의 부모는 아주 가난했으며 또 나이가 많았으나, 이 부모는 자신의 아이의 목숨을 살려주는 걸 성공하였다.어느 날, 보잘 것 없는 작은 초가집에 있는 안마당에서 어린 처녀는 큰 두꺼비를 보았다.

"어? 당신 어디서 오셨나요? 아, 맞아! 우리 집 울타리 아래서 살고 있지요?"

어린처녀는 두꺼비 에게 물어보았다.

마을에 사는 나쁜 동내 아이들처럼 그 두꺼비에게 돌을 던지는 대신, 그 어린 처녀는 두꺼비에게 쌀 몇 개를 던졌으며 그 두꺼비는 그것을 통째로 받아 삼켜 먹었다.

"두꺼비 씨, 당신 배고픈가요? 여기요, 당신에게 힘이 될 수 있게 제 쌀을 좀 더 드세요."

Dans ce village, vivait justement une jeune fille dévouée à ses parents. Ces derniers, extrêmement pauvres et âgés avaient tout de même réussi à épargner leur enfant. Un jour, dans la cour de leur humble chaumine, alors qu'elle battait le peu de riz qu'ils avaient, elle aperçut un gros crapaud.

– Tiens ? D'où viens-tu ? demanda-t-elle au batracien. Ah, je vois, tu habites juste sous notre haie.

Et au lieu de lui jeter une pierre comme l'aurait fait les mauvais gars du village, elle lui lança :

– Maître Crapaud, auriez-vous faim ? Tenez voici un peu de mon riz, que cela vous donne des forces.

Une grosse langue englua les grains avant de les déglutir. Cela amusa beaucoup la jeune fille car elle n'avait pas beaucoup de distractions. A vrai dire, la pauvreté lui donnait l'air d'une souillon, elle n'avait donc pas d'ami. C'est pourquoi elle s'était prise d'affection pour l'animal. Puis, à chacune de ses visites, elle épargnait, pour lui, un peu de riz.

이 마을에 지극히 효성스러운 한 처녀가 있었고 그녀의 부모는 아주 가난했으며 또 나이가 많았으나, 이 부모는 자신의 아이의 목숨을 살려주는 걸 성공하였다.어느 날, 보잘 것 없는 작은 초가집에 있는 안마당에서 어린 처녀는 큰 두꺼비를 보았다.

"어? 당신 어디서 오셨나요? 아, 맞아! 우리 집 울타리 아래서 살고 있지요?"

어린처녀는 두꺼비 에게 물어보았다.

마을에 사는 나쁜 동내 아이들처럼 그 두꺼비에게 돌을 던지는 대신, 그 어린 처녀는 두꺼비에게 쌀 몇 개를 던졌으며 그 두꺼비는 그것을 통째로 받아 삼켜 먹었다.

"두꺼비 씨, 당신 배고픈가요? 여기요, 당신에게 힘이 될 수 있게 제 쌀을 좀 더 드세요."

Dans ce village, vivait justement une jeune fille dévouée à ses parents. Ces derniers, extrêmement pauvres et âgés avaient tout de même réussi à épargner leur enfant. Un jour, dans la cour de leur humble chaumine, alors qu'elle battait le peu de riz qu'ils avaient, elle aperçut un gros crapaud.

– Tiens ? D'où viens-tu ? demanda-t-elle au batracien. Ah, je vois, tu habites juste sous notre haie.

Et au lieu de lui jeter une pierre comme l'aurait fait les mauvais gars du village, elle lui lança :

– Maître Crapaud, auriez-vous faim ? Tenez voici un peu de mon riz, que cela vous donne des forces.

Une grosse langue englua les grains avant de les déglutir. Cela amusa beaucoup la jeune fille car elle n'avait pas beaucoup de distractions. A vrai dire, la pauvreté lui donnait l'air d'une souillon, elle n'avait donc pas d'ami. C'est pourquoi elle s'était prise d'affection pour l'animal. Puis, à chacune de ses visites, elle épargnait, pour lui, un peu de riz.

그것은 몇 년동안 지속되었다. 그런중에 젊은 소녀의 늙은 부모가 갑자기 죽는일이 발생했다. 고아 그리고 빈곤한 삶 속에서 그 어린 처녀는 부모의 장례를 치를 돈이 없었다. 그래서 그 어린 처녀는 어떻게 해야 할지 몰랐었지만 그녀는 자기 자신을 희생하기로 결심을 해야만 했다. 부모의 죽음때문에 어린 처녀는 그 일을 해야만 했고 그녀는 개의치 않았다. 그녀에게 가장 중요했던 건 그녀의 부모가 마을에 있는 산에 위치한 작은 언덕에 매장되는 것 이었다.

그런 이유로 그 소녀는 사또에게 말을 하기위해 마을로 내려갔다.

"제가 존경하는 사또님, 저를 제물로 바치게 해주세요."

"내가 너를 제물로 바치게 해달라고? 왜 네 자신을 희생하고 싶은지 나에게 말을 해 봐라."

그러한 횡재를 기다리지 않았던 이 마을의 사또는 놀라움을 금치 못했다.

"전 부모님의 장례를 치룰 돈이 없습니다. 만약에 사또께서 저에게 장례를 치룰 수 있게 하는 돈을 주신다면 기꺼이 제 자신을 희생하는 데에 동의하겠습니다."

이렇게 해서 어린 처녀는 제물이 되기 위해 자신을 팔았다. 그리고 거기서 받은 돈으로 돌아가신 부모의 장례를 잘 치렀다.

Cela aurait pu durer des années. Or, il advint que les vieux parents de cette jeune fille moururent subitement. Orpheline et dans une grande misère, elle n'avait pas assez d'argent pour célébrer les funérailles de ses parents. Ne sachant comment faire, elle dut se résoudre à se vendre pour être sacrifiée à l'esprit du temple. La mort de ses parents la condamnait, mais elle n'en avait cure, le plus important à ses yeux était que ses parents puissent être inhumés dignement dans un tertre sur la montagne voisine avec toutes les offrandes nécessaires à leur dernier voyage.

C'est ainsi, qu'elle alla voir le chef du village pour lui dire :

– Vénérable *Satto*[7], sacrifiez-moi !

– Tu veux que l'on te sacrifie ? s'étonna, interloqué, le chef du village qui ne s'attendait pas à une telle aubaine. Mais dis-moi, pourquoi donc veux-tu te sacrifier ?

– Je n'ai pas d'argent pour célébrer les funérailles de mes parents. Si vous les prenez en charge, alors je consens à être sacrifiée.

C'est ainsi, qu'elle se vendit. Et effectivement, elle put inhumer ses parents selon les règles confucianistes.

7 *Satto* (사또) désigne la fonction administrative de la personne chargée d'appliquer le loi et la justice.

대보름달이 뜨기 전 날, 그녀는 정성을 들여서 집을 정리하였고 마지막으로 집 안뜰을 비로 쓸었으며, 눈물을 흘리며 두꺼비에게 마지막 인사를 하였다.

"아아! 내일이 되면 마을 사람들이 나를 사찰의 영을 위해서 제물로 바칠거에요. 그리고 전 죽겠죠. 두꺼비 씨, 오늘이 우리가 볼 수 있는 마지막 날 이에요. 제가 없어 돌봐 주는 사람이 없더라도 잘 지내세요."

두꺼비의 큰 눈에선 눈물이 흐르고 있었고, 쓰러져 있는 어린 처녀를 바라보는 두꺼비는 그 어린 처녀를 동정하고 있는 것처럼 보였다.

"저런, 가엾어라. 그런 상황에도 불구하고 당신은 항상 저에게 먹을 것을 줬었군요. 당신에게 항상 고마운 마음을 가질게요. 만약 제가 할 수만 있다면 당신을 도와드릴거에요."

La veille de la première lune, elle rangea soigneusement le *hanok*, balaya une dernière fois la cour, et tout en pleurant, elle dit au revoir au crapaud.

– Hélas, je me suis vendue. Demain, les gens du village me sacrifieront à l'esprit du temple, et je mourrai. Maître crapaud, nous nous voyons pour la dernière fois, après cela, je ne pourrai plus vous donner de nourriture.

Des larmes roulèrent des gros yeux ronds du batracien, il semblait compatir à la piteuse circonstance dans laquelle la jeune fille était tombée.

– Vous êtes pauvre, mais malgré cela, vous m'avez toujours donné à manger. Je vous en serai toujours reconnaissant. Si c'est en mon pouvoir, je vous aiderai, croassa l'animal.

음력 15일째 되던 저녁, 의례는 치러졌고 즐기는 거와는 거리가 멀었으며 마을 사람들은 그 어린 처녀를 불쌍하게 여겼다.

"저 걸 보는 일이 불행한 게 아니였음..."

우리는 그들이 저기에서 하는 말을 들었다.

"쯧쯧. 그렇게 말 하지마. 우리가 뭘 할 수 있겠어? 우린 그 불쌍한 아이를 도와줄 수 없잖아."

여기에선 사람들이 이렇게 말 하였다.

"그래도 이 사찰에 사는 영은 참으로 잔인해."

"적어도 이번해는 수확이 좋기를 기대해보자."

어린 처녀는 다른 봉헌물과 함께 사찰로 들어왔고 밖에서는 문을 굳게 잠갔다. 모든 사람들은 고통을 느끼면서도 그건 그녀 운명이라고 생각했다.

Au soir du quinzième jour de l'année lunaire, la cérémonie eut lieu et loin de se réjouir, les villageois, plaignirent la jeune fille.

– Aïgo ! Si ce n'est pas malheureux de voir ça ! entendit-on par là.

– Tsss ! Je ne te le fais pas dire… Mais que pouvons-nous y faire ? Nous ne pouvons pas aider cette pauvre fille, répondit-on ici.

– Quand même, l'esprit du temple est bien cruel …

– Espérons au moins que les récoltes seront bonnes !

La jeune fille entra dans le temple avec d'autres offrandes, et l'on ferma les portes derrière elle. Tous les habitants éprouvèrent de la peine, mais ainsi était leur destin.

城隍

한편으로는, 그 두꺼비는 어린 처녀를 죽게 내버려 둘 순 없었다. 어린 처녀는 두꺼비에게 너무나도 잘해 줬기 때문에 그는 그녀의 목숨을 살리려고 결정하였다. 두꺼비는 조심스럽게 어린처녀의 치마 끝자락에 매달렸다. 그렇게 해서 그 두꺼비는 몰래 사찰로 들어 올 수 있었다.

De son côté, le crapaud ne pouvait pas laisser mourir la demoiselle ; elle avait été si bonne avec lui. Aussi, il était décidé à lui sauver la vie. Discrètement, à l'insu de tout le monde, il s'accrocha aux pans de la jupe de la jeune fille. Il put ainsi se glisser en secret dans le temple.

어린 처녀는 사찰의 어둠 아래 앉아 있었고 자신의 운명을 기다리고 있었다. 한 밤중에 그녀는 굉음을 들었다. 바람이 벽을 울렸고, 바닥은 덜컹거렸고 들보는 삐걱거렸다. 오싹해진 어린 처녀는 눈을 크게 떠서 무슨 일이 일어났는지 보려고 했지만 암흑 속에서는 아무것도 볼 수가 없었다. 그래서 그녀는 계속해서 돌아가신 부모를 부르며 오들오들 떨기만 하였다.

Assise dans l'obscurité profonde du temple, la fille attendait son destin. En pleine nuit, elle entendit le fracas d'une lutte. L'air vibrait à en faire trembler les murs, le plancher craquait, les poutres grinçaient. Transie de peur, elle écarquillait les yeux pour voir ce qu'il se passait, mais l'opacité des ténèbres ne lui permettait pas de discerner. Alors, elle implora ses parents pour que ce tohubohu cesse.

다음날 아침, 마을 사람들은 사당문을 열어보고 아직까지도 살아있는 어린 처녀를 보고선 깜짝 놀라했다. 그 사람들의 기억 속엔 이러한 기적 같은 일이 처음으로 일어났기 때문이다. 뒤죽박죽 놓여 있는 봉헌금이 있던 사찰의 제단 위에서 마을 사람들은 죽어있는 큰 지네와 두꺼비를 발견하였고 이 사람들은 사찰의 영이 거대한 지네였다는 사실을 알게 되었다.

"이 두꺼비는 제가 알고 있던 두꺼비였습니다. 저는 만 마리의 두꺼비들 중에서도, 우리집 안마당에서 제가 밥을 줬던 그를 알아 볼 수 있을거에요. 그는 저를 살리려고 지네와 함께 싸워줬어요. 그에게 고맙다고 어떤 말을 해야 할지 저는 절대로 모를 거에요."
라고 탄식을 하며 어린 처녀가 말을 하였다.

Le lendemain matin, les habitants du village ouvrirent les portes du temple et furent bien étonnés de voir la jeune fille toujours en vie. De mémoire d'homme, c'était la première fois qu'un tel prodige arrivait.

Sur l'autel du temple, dans le désordre des offrandes renversées, on trouva les cadavres d'une scolopendre géante et d'un crapaud. Ainsi, les villageois apprirent la vérité : l'esprit du temple n'était autre que cette scolopendre géante.

– Ce crapaud, je le connais, soupira la demoiselle, je le reconnaîtrais entre mille, c'est celui que je nourrissais dans la cour de notre maison. Il s'est battu contre la scolopendre pour me sauver. Jamais je ne trouverai les mots pour le remercier.

故朴

끝으로 마을 사람들은 마을 입구에서 잔인한 지네와 사찰을 불태웠고, 두꺼비의 무덤위에는 그의 명예를 위해서 기념비를 건립하였다.

Pour finir, les gens brûlèrent l'atroce scolopendre et son temple.

Puis, ils enterrèrent dignement le crapaud à l'entrée du village où, sur sa tombe, ils érigèrent une stèle en son honneur.

호랑이가 의원을 데려감
Le tigre emmène le docteur

한국어 번역 유인혁 Yu In-hyuk
프랑스어 번역 김해영 Kim Hae-young, 홍석민 Hong Seok-min, 심보현 Sim Bo-hyeon
그림 김해영 Kim Hae-young

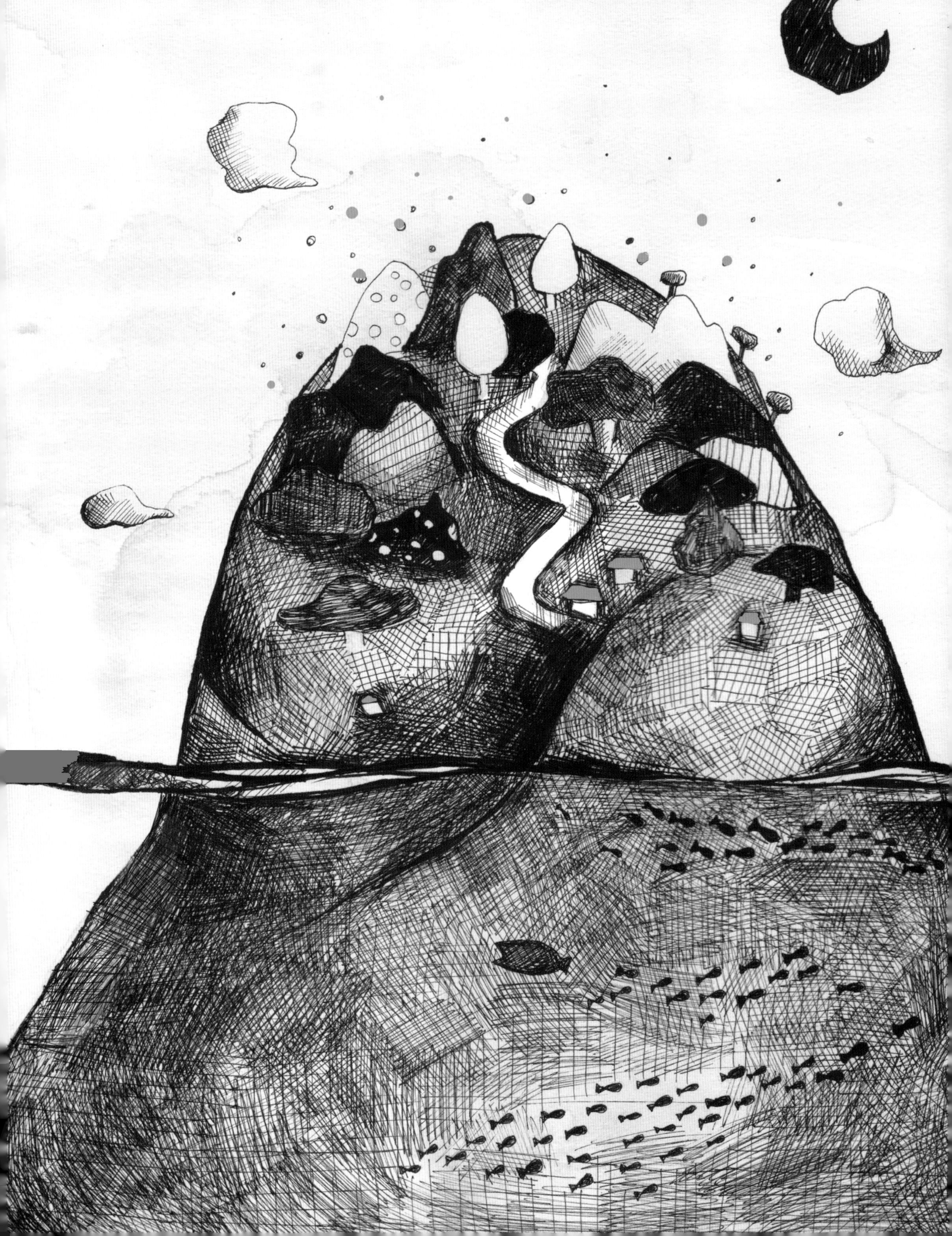

아주 오래전 한국에 양예수라고 하는 위대한 의원이 살았다.

Il y a fort longtemps de cela, en Corée, vivait Yang Ye-soo, un grand docteur.

어느 날, 그는 중국 황실로 향하는 사신인 2명의 친구와 동행하기로 결정했다.

여행 동안 그는 다른 명성 높은 의사와 우연히 만나 그의 의학적 지식을 완성하기를 기대했다.

여행 도중 어느 저녁에, 깊은 산속에서 갑자기 밤이 찾아오고 하루 종일 오랫동안 걸어서 피곤했기 때문에 그들은 노숙하기로 결정했다.

"아이고! 우리가 가야할 길이 이제 거의 보이지 않네... 여기서 자고 가야 하지 않는가?"

양예수의 친구가 말을 건넸다.

"그래 그 말이 옳네. 나는 벌써 오래 걸은 뒤라 다리가 벌써 휘청거리고 피곤해서 죽을 것 같네."

의사가 대답했다.

"우리의 유명한 의사가 밤을 샐 필요는 없지."

세 번째 사람은 덧붙여 말하며 쉬러 갔다.

이렇게 쉬는 동안, 모닥불 주위에서 소량의 건조식품을 먹은 후에 양예수는 모닥불 주위에서 대화하는 친구들을 남겨두고 조금 떨어져 잠자리를 준비하러 갔다.

Un jour, il décida d'accompagner deux de ses amis envoyés en ambassadeurs, à la cour impériale de Chine. Durant ce voyage, il comptait rencontrer d'autres spécialistes de renom pour parfaire ses connaissances en médecine.

Un soir, en pleine montagne, surpris par la nuit et fatigués d'une longue journée de marche, ils convinrent d'un bivouac.

– Bon sang ! Nous ne voyons déjà presque plus où nous mettons les pieds, lança un des amis de Yang Ye-soo. Ne pourrions-nous pas dormir ici ?

– Oui, vous avez raison, répondit le docteur. Après cette longue marche, j'ai les jambes toutes flageolantes, je suis mort de fatigue.

– Rien n'oblige notre éminent docteur à veiller, ajouta le troisième homme, allez donc vous reposer.

Ainsi fut fait, après un repas frugal pris autour d'un feu de camp, Yang Ye-soo laissa ses compagnons deviser autour du foyer et aménagea sa couche un peu à l'écart.

다음날 아침, 양의사의 두 친구는 의사의 빈 잠자리를 발견하고 놀라움을 금치 못했다.

"허!! 양의사가 어딜 갔는지 자네는 아는가??"

한 친구가 물었다.

"으흠.. 나도 모르네, 어제 저녁 그는 우리보다 먼저 자러가지 않았는가? 그 후에 나는 다시 보지 못했네."

다른 친구가 대답했다.

"이거 기이하군, 어떻게 하면 이렇게 사라질 수 있나.. 그를 찾아야 할 것 같네."

한 사람이 제안했다.

"아마도 그는 단순히 화장실에 간걸지도 모르네. 길을 잃었나??."

다른 사람이 말했다.

두 사람은 숲과 수풀사이를 헤치며 찾아보았다. 그들은 휘파람을 불고 고함을 질렀으나 모든 노력은 허사였다. 결국 그들은 밤사이에 의사 양예수가 불가사의하게도 사라진 것을 확실히 인정할 수밖에 없었다.

Le lendemain matin, les deux amis du docteur Yang furent surpris de trouver la couche du docteur vide.

– Hé ! Ne savez-vous pas où est passé le docteur Yang ? demanda l'un des compagnons.

– Eh bien non ! Je ne sais pas ! répondit son compère. Hier soir, il s'est couché avant nous, et depuis je ne l'ai pas revu.

– C'est étrange, on ne disparaît pas comme ça ! Il faut le chercher, proposa, inquiet, le premier.

– Il est peut-être tout bonnement allé à la selle. Il aurait perdu son chemin ? fit le second.

Les deux hommes cherchèrent leur ami dans les fourrés et les buissons environnants. Ils l'appelèrent à cor et à cri, mais tous leurs efforts demeurèrent vains. Il fallait bien se rendre à l'évidence, le docteur Yang Ye-soo avait mystérieusement disparu au milieu de la nuit…

사실 여기에서 정말 무슨 일이 있었는지는 다음과 같다. 한밤중에 한 호랑이가 자고 있는 양예수 앞에 나타나 그가 자는 있는 동안 데려간 것이다.

그 호랑이는 잡목들 위를 뛰어넘고 경사를 급히 뛰어 내려가며 높은 곳으로 돌진해 올라갔다. 그 흔들림에 의사는 깨어났지만 상황을 모른 채 졸면서 이곳이 어딘지 물었다. 하지만 곧 호랑이가 자신을 데려가는 것을 깨달았다. 그는 고국과 그의 가족을 떠나서 이제 여기서 호랑이의 먹이가 되는 것이다. 아마도 그는 그의 나라와 그의 가족을 다시 볼 수 없을 것이다. 절망에 사로잡혔지만 그는 어떤 사람들은 호랑이에게 물려가도 살아남은 적이 있다고 말한 것을 들은 적이 있음을 떠올렸다. 그래서 그는 용기를 되찾았고 호랑이에게서 굴러 떨어지지 않기 위해 온 힘을 다해 호랑이를 붙잡았다.

En fait, voilà ce qui s'était réellement passé : au cœur de la nuit noire, un tigre était subitement apparu devant Yang Ye-soo endormi et l'avait tout simplement emmené dans son sommeil.

Le tigre bondissait au dessus des taillis, dévalait les pentes, s'élançait dans les montés. Tout balloté, le docteur se réveilla et encore somnolant se demandait où il était, quand tout à coup, il réalisa qu'un tigre l'emportait. Il avait tout quitté, la Corée et sa famille, et voilà que maintenant, il devenait la proie d'un tigre. Il n'allait sans doute revoir ni son pays ni ses proches. Le désespoir le tenaillait, mais il se raisonna : il avait entendu dire, que certaines personnes avait survécu à un tigre. Aussi il reprit courage et s'agrippa de toutes ses forces pour ne pas tomber de l'animal.

곧 어느 동굴 앞에 도착하였다. 그 동물은 의사를 내려놓고 동굴 안으로 들어갔다.

야수의 동굴 앞에 혼자 남겨진 의사는 약간 당황했다. 왜 호랑이는 무엇을 위해 그를 여기까지 데려다 놓고 구멍으로 사라졌을까? 양예수는 지금 도망갈 수 있으며 죽음에서 벗어날 수도 있다. 하지만 잘 생각해 보면 만약 그를 잡아먹길 원했다면 이미 전부터 먹을 수 있었지만 그렇게 하지 않았다. 그래서 양예수는 용기를 가지고 계속 상황을 보며 남아있기로 결정했다. 몇 분 후에 으르렁거리는 소리를 들었다. 아까 그 호랑이는 암호랑이였는데 입에 아기 호랑이를 물고 다시 나타났다.

"오 이런, 이번에는 끝이다! 이 동물은 새끼에게 나를 먹이로 주러 온 것이었구나!."

의사는 외쳤다.

"아니요 위대한 의사여, 내가 당신을 데려온 것은 당신을 먹기 위해서가 아니오.. 당신의 의술에 간청하기 위해서요."

호랑이가 울부짖었다.

"나는 네가 하는 말을 이해 할 수 없네, 하지만 네가 나를 헤치지 않을 것 같구나. 호랑이의 말을 알아들을 수 없는 의사가 말했다."

Arrivant devant une caverne, le félin déposa le docteur et entra dans les profondeurs de la terre. Laissé seul devant l'antre du fauve, le docteur était un peu décontenancé : Pourquoi ce tigre l'avait-il emmené jusque là pour l'abandonner ici et disparaître dans ce trou ? Le docteur pensa un instant qu'il pourrait fuir et échapper à une mort certaine. Mais si le tigre voulait vraiment le dévorer, la bête aurait pu le faire bien avant et n'en avait rien fait. Aussi Yang Ye- soo décida courageusement de rester et d'observer la suite les évènements.

Quelques minutes plus tard, un feulement se fit entendre. La tigresse, car c'en était une, revenait portant son bébé dans la gueule.

– Mon Dieu, cette fois c'est la fin ! s'exclama le docteur, la bête va me donner en pâture à son rejeton.

– Non, grand docteur, feula l'animal, si je vous ai amené jusqu'ici, ce n'est pas pour vous croquer … Mais pour solliciter vos talents de médecin.

– Je ne comprends rien à ce que tu me dis, répondit le docteur qui n'entendait pas le langage des tigres, mais je sens bien que tu ne me veux aucun mal.

그 후에도 호랑이는 계속 으르렁대며 이상하게도 절을 하였고, 주둥이부분으로 새끼를 의사 쪽으로 밀었다.

"봐주시오 의사, 나의 아이가 다쳤소."

"아 알겠군. 이 아기 호랑이는 아파보이고 내가 그를 치료해주길 원하는 것처럼 보이는구나. 내가 너의 아이를 치료 할 수 있다면 치료를 해주지."

그는 호랑이에게 말했다.

양예수는 아기 호랑이를 살펴보았고 흉하게 다친 다리를 발견했다. 그는 한복 소매 안에서 여러 병들을 꺼낸 후에 그가 알고 있던 뿌리와 다른 약초들을 빻고 약간의 송진을 섞어 연고를 만들었다. 그리고 젊은 동물의 상처위에 정성들여 발라주었다.

"여기 붕대를 다 감았네, 이 치료는 매우 잘 되었고 며칠 뒤에 이 상처는 완쾌될 것이네."

Alors, tout en grognant et faisant d'étranges révérences, la tigresse poussa du museau son petit vers le docteur :

– Regardez docteur, mon enfant est blessé.

– Mais oui ! comprit soudain le médecin, ce bébé tigre a l'air d'avoir mal et sa mère semble vouloir que je le guérisse. Eh bien, fit-il en s'adressant au fauve, si je peux soigner ton petit, je le ferai.

Yang Ye-soo ausculta le bébé tigre, et découvrit une vilaine plaie à une patte. Il sortit quelques fioles de dedans la manche de sa tunique, broya quelques racines et autres herbes qu'il connaissait, en fit un onguent avec un peu de résine et l'appliqua soigneusement sur la blessure du jeune animal.

– Voilà, regarde, le pansement est terminé. Ce remède est très efficace et dans quelques jours cette plaie ne sera plus qu'un mauvais souvenir.

호랑이는 만족하고 의사에게 감사하는 것으로 보였다. 그리고 입을 벌려 그의 발 앞에 신기하게 생긴 검은색 돌멩이를 주었다.

"훌륭한 치료에 감사드리오! 당신에게 감사의 표시로 드리는 이 보잘 것 없는 돌멩이를 받아주시오. 이것은 당신에게 큰 도움이 될 것을 확신하오."

"뭐? 이게 뭐지? 의사가 감탄했다. 아하! 너는 내 치료에 대한 감사표시로 나에게 이 예쁜 돌을 주는 건가? 좋아, 감사의 마음은 잘 받았다네, 허나 지금 나의 친구들 곁으로 다시 돌아가야만 한다네."

양예수가 말했고 그 말을 호랑이가 이해할지는 알지 못하였다.

하지만 호랑이는 잘 알아들었고 그 호랑이는 어제 두 친구가 계속해서 필사적으로 찾던 의사를 다시 데려왔다.

La tigresse semblait satisfaite, et pour remercier le docteur, elle ouvrit sa gueule et déposa à ses pieds une étrange pierre noire.

– Merci noble médecin, feula la tigresse, pour vous remercier, acceptez cette modeste pierre. Je suis certaine qu'elle vous sera d'une grande utilité.

– Quoi ? Qu'est-ce donc ? s'exclama le docteur. Ah, tu me donnes cette jolie pierre en remerciement de mon traitement ? Eh bien, je l'accepte de bon cœur, mais maintenant il faudrait me ramener auprès de mes amis, dit Yang Ye-soo sans savoir si le félin le comprenait vraiment.

Mais la tigresse avait bien entendu, et elle ramena le docteur jusqu'à son bivouac de la veille où ses deux compagnons continuaient désespérément à le chercher.

그리고 두 친구는 의사가 갑자기 떠났을 때처럼 갑자기 다시 나타났을 때, 그들은 놀라서 소리쳤다.

"자네는 어딜 갔었던 것인가? 우리가 얼마나 자네를 찾았는지 아는가????"

한 친구가 불평스레 말했다.

"우린 자네가 부인이 그리워서 자네의집으로 돌아간 것이라고 생각했다네."

하며 다른 친구가 빈정거렸다.

"나 말인가? 나는 아무데도 가지 않았다네! 나는 일어나자마자 온 것일세, 자네들이 잘못알고 있는 것 같은데..."

"우리는 이 숲속을 가로지르며 쉬지 않고 자네의 이름을 외쳤는데, 어떻게 전혀 듣지 못했단 말인가?"

"아 이제 그만하면 됐네! 나는 이런 골치 아픈 일이 다시 일어나지 않길 바라네."

의사가 투덜거리며 말했다.

이렇게 대화를 끝냈다. 의사 양예수는 이 뜻밖에 일을 알리고 싶지 않았다. 왜냐하면 분명 그 누구도 그의 이야기를 믿지 않을 거라고 생각했기 때문이다. 만약 그가 이야기를 하면 사람들은 틀림없이 미친 사람처럼 취급 할 것이다.

Aussi, quand le docteur réapparut aussi soudainement qu'il était parti, ils s'exclamèrent de surprise :

– Mais où étiez-vous donc passé ? Savez-vous depuis combien de temps nous vous cherchons ? maugréa l'un.

– Nous avons même pensé que vous étiez retourné chez vous parce que votre femme vous manquait, ironisa l'autre.

– Moi ? Mais non, je ne suis allé nul part ! rétorqua le médecin, je viens tout juste de me lever. Vous avez du vous tromper.

– Mais comment se fait-il que vous n'ayez rien entendu ? Nous n'arrêtons pas de crier votre nom à travers ces bois !

– Ah cela suffit maintenant ! pesta le docteur. J'aimerais que l'on ne revienne plus sur cette affaire.

Ainsi fut clôt la discussion. Le docteur Yang Ye-soo préférait ne rien révéler de son aventure car il pensait que personne ne pourrait croire à son histoire ; s'il en soufflait mot, on le prendrait très certainement pour un fou.

그 후에 그들은 이 일을 접어두고 다시 길을 나서기 시작했다. 좀 더 이후에 중국의 도시를 지나갈 때, 양의사는 보석가게 앞을 지나가게 되었다. 그는 가게로 들어가서 보석상에게 호랑이가 준 검은색 보석에 대해 물어보았다.

"여보시오, 이 돌멩이 좀 봐주실 수 있소?"

"물론이지요."

상인은 카운터위에 의사의 보석을 내려놓으라고 하였다.

"뭐지?"

보석상은 놀라서 소리쳤다.

"이것은 주천석입니다!!! 이 보석을 어디서 찾았습니까?!?!"

"흐음!!"

당황하며 대답했다. 그러나 양예수는 그의 기이한 모험에 대한 진실을 말하지 않았다.

"자네는 나에게 주작석이 어떤 것인지 정확하게 말해줄 수 있나?"

양예수는 질문을 피하기 위해서 급히 다른 질문을 던졌다.

"주천석은 매우 신비한 일이 생기는 돌이지요, 만약 당신이 이것을 물이 담긴 항아리 안에 둔다면 그 물은 세상에서 가장 맛좋은 술로 변한다고 합니다. 만약 손님께서 그것을 어디에 써야할지 모르시겠다면 제가 좋은 가격으로 사겠습니다."

보석상이 제안했다.

그러나 의사는 그 상인의 제안을 거절했다. 호랑이가 그에게 준 세상에 유일한 선물과 헤어지길 원하지 않았기 때문이다

Puis, ils plièrent leurs effets et reprirent la route. Plus tard, de passage dans une ville chinoise, le docteur Yang passa devant une bijouterie. Il ne résista pas à l'envie de questionner le joaillier sur la gemme noire offerte par la tigresse. Il entra dans la boutique et demanda :

– Monsieur, s'il vous plait, pouvez-vous regarder cette pierre ?

– Bien sûr, fit le commerçant en invitant le médecin à déposer son trésor sur le comptoir. Quoi ? s'exclama alors le bijoutier, c'est un *joocheonseok* ! Mais où donc avez-vous trouvé cette gemme ?

– Humm ! répondit embarrassé Yang Ye-soo qui ne tenait pas vraiment à raconter son aventure. Pouvez-vous me dire ce qu'est un *joocheonseok* au juste ? demanda-t-il alors pour éluder la question.

– Un *joocheonseok* est une pierre aux propriétés bien étranges. Si vous la mettez dans une jarre d'eau, celle-ci se transforme en un alcool le plus délicieux qui soit. Si vous ne savez quoi en faire, je suis prêt à vous en offrir un bon prix ! proposa le joaillier.

Mais le docteur déclina l'offre du marchand. Pour rien au monde, il ne voulait se séparer du cadeau de la tigresse.

후에, 한국으로 돌아온 양예수는 보석 덕분에 술 제조를 시작 할 수 있었다. 그 술은 수많은 다양한 병에 특별하게 효능이 있을 뿐만 아니라 특별히 맛도 좋았기 때문에 그는 큰 부자가 되었다.

Plus tard, de retour en Corée, Yang Ye-soo commença à fabriquer de l'alcool grâce à cette gemme. Il fit fortune car, en plus d'être particulièrement délicieux, ce breuvage s'avéra être un excellent remède contre de nombreuses maladies.

귀신과 장님
Le fantôme et l'aveugle

한국어 번역 서영문 Seo Young-moon, 임채리 Im Chae-ri
프랑스어 번역 이수진 Lee Su-jin, 송숙인 Song Sook-in
그림 이상우 Lee Sang-woo

옛날에, 한양에는 이항복이라는 용감하고 젊은 청년이 있었다. 그는 재상의 아들과 매우 막연한 사이였으며 많은 시간을 함께 보내었다. 그러던 하루는, 재상의 아들이 급작스레 병에 걸리고 말았다. 이 나쁜 소식은 친구 이항복에게 알렸고, 이항복은 즉시 재상의 아들에게 도움을 주고자 머리맡에 갔지만 주어진 상황에서 이항복은 아무것도 할 수 가 없었다. 아연실색한 재상은 마을에서 가장 뛰어난 의원을 불렀지만 의학으로도 치료가 불가능 한듯 했다.

"아 ! 자네는 우리 아들의 병을 못고친다는 건가?"

재상이 말했다.

"저도 이해할 수가 없네요."

의사가 말했다 .

"어떠한 치료도 들지 않으니.. 저도 더 이상 어떻게 해야할지 모르겠어요."

"아닐거야... 믿을수 없어요!! 환자의 부인은 울부짓었다. 아무런 치료도 들지 않는다면 분명 다른 요술책이 있을거에요. 누군가 재 남편에게 원한을 가진걸거에요!"

Autrefois à Hanyang, il y avait un brave jeune homme qui s'appelait Yi Hangbok. Il était très ami avec le fils du premier ministre et tous les jours, ils passaient beaucoup de temps ensemble. Un jour, le fils du premier ministre contracta subitement une méchante maladie. Apprenant que le malheur avait frappé à la porte de son ami, Yi Hangbok se rendit immédiatement à son chevet pour proposer son aide, mais compte tenu de la situation, il ne pouvait rien faire. Le premier ministre, catastrophé, fit venir le meilleur médecin de la ville, mais sa science semblait impuissante :

- Hélas ! N'arriverez-vous donc pas à soigner notre fils ? implora le père.
- Je ne comprends pas, répondit le médecin. Aucun de mes remèdes ne fonctionne, je ne sais plus que faire.
- Non ! Ce n'est pas possible! s'exclama l'épouse du fils. Si rien ne marche, c'est qu'il doit y avoir quelques sortilèges là-dessous. Quelqu'un doit avoir de la rancœur contre mon mari. Si la médecine ne peut rien pour lui, il ne nous reste plus qu'à consulter un voyant.

이항복은 그러던중 그의 할머니를 통해 명성이 자자한 장님 정잼이를 알게 되었다.

그래서 그 정잼이에 대해서 알아보고 최대한 빨리 모셔오기 위해서 하인을 서둘러 보냈다.

장님 점쟁이는 지팡이를 지고 들어 서자마자 그는 모든 것을 알았다. 재상을 보며 말하기를 장님 정쟁이는 모든 것이 보인다 !! 그는 재상의 아들의 병명을 알았다. 그때 재상은 장님 점쟁이게 물었다.

"그럼 내아들은 무슨병에 걸린건가? 내가 무엇을 하면 되는가?"

장님은 머뭇거리며 말했다.

"죄송합니다. 재상님. 저는 아무 말도 할 수 없어요.. 이 일은 제 능력 밖의 일입니다."

하지만 재상 아들의 부인은 그가 무엇을 숨긴다고 생각 하며 잘 속지 않았다. 그녀는 민첩한 동작으로 그녀의 소매에서 단도를 꺼내 장님에게 맹렬하게 달려들었다

Justement, Yi Hangbok connaissait, par sa grand-mère, un vieil aveugle très réputé pour sa clairvoyance. On dépêcha à la minute même un serviteur pour s'enquérir de cet aveugle et pour le ramener au plus vite.

A peine le vieillard entra-t-il avec sa canne, qu'il savait déjà tout. Pour ainsi dire, du premier regard, l'aveugle avait tout vu ! Il connaissait la cause de la maladie du jeune homme. Mais lorsque le premier ministre lui demanda :

– Alors, mon brave, quelle maladie ronge mon fils ? Que dois-je faire ?

Le vieil aveugle confus bafouilla :

– Je suis désolé votre excellence. Je ne peux rien dire … Cette affaire dépasse mon entendement.

Mais la femme du fils du premier ministre n'était pas dupe, le voyant leur cachait quelque chose. D'un geste vif, elle sortit son petit poignard de sa manche et se précipita sur l'aveugle comme une furie :

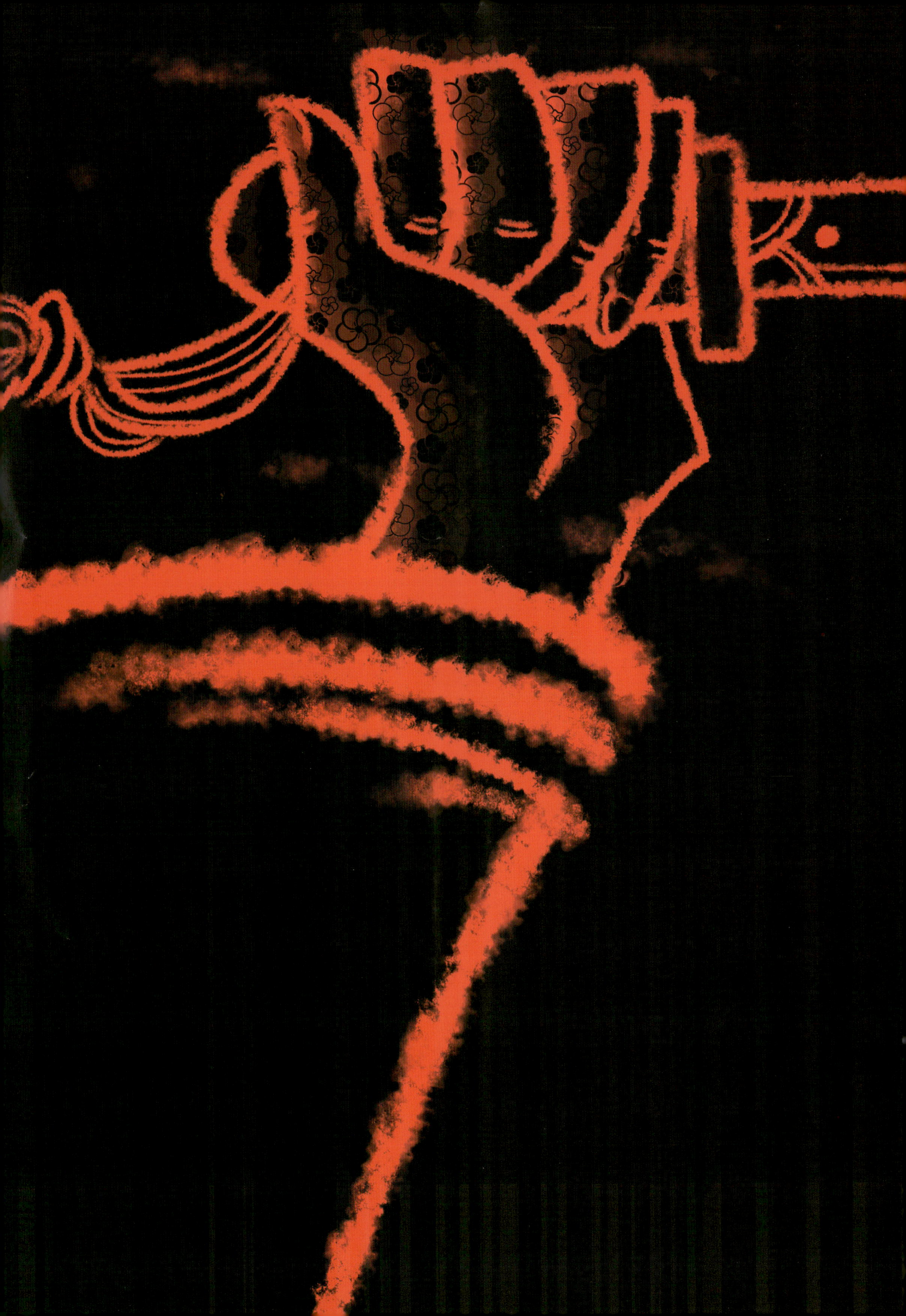

거짓말쟁이! 니 속셈을 잘 알겠다! 모든 사실을 말하거라, 그렇지 않으면 널 죽일 것이다! 그녀가 그의 옆구리에 칼을 들이대며 소리쳤다.

"잠깐, 잠깐만요, 마님!"

장님이 간청했다.

"절 죽이지 마세요. 모든 걸 말씀 드리겠습니다!"

그리고 그가 설명했다 :

"악한 귀신이 당신의 아드님을 죽이려 합니다. 해결방법이 있습니다."

– Menteur ! Je vois bien dans ton jeu ! Dis-nous toute la vérité, sinon, je te tue ! lança-t-elle au vieil homme en lui pressant la lame entre les côtes.

– Attendez, Madame, attendez ! supplia l'aveugle. Ne me tuez pas. Je vous dirai tout ! puis il expliqua : Un fantôme malfaisant cherche à tuer votre fils. Il y a bien une solution !

"순수한 영혼이 당신의 아드님 옆에 살아 돌아온다면, 당신의 아드님 건강을 되찾을 겁니다. 왜냐하면 그런 순수한 영혼이 귀신을 쫓아낼 수 있기 때문이죠. 여기 이집에서는, 아드님의 친구인 이항복도련님 밖에 없네요. 그는 사심 없는 사람으로 느껴집니다. 게다가, 그는 매우 용감합니다. 이 간악한 귀신이 이항복 도련님을 만난다면, 그는 아무것도 못할거에요. 하지만.."

"하지만 뭐요?"

부인이 물었다.

"하지만 댁의 바깥어른 영혼의 댓가로 저는 죽어야 할 겁니다..."

늙은 장님이 한숨 지었다.

족집게 점쟁이를 돌려보내고, 재상은 이항복에게 물어보았다.

"오직 너만이 내 아들을 구할 수 있고, 그 귀신을 물리칠 수 있다. 우리와 함께 지내는걸 허락해 주겠는가?"

"물론이죠."

젊은 이항복이 대답 했다.

"내 친구를 구하기 위해 나으리가 바라는 모든 것을 하겠습니다."

Votre fils retrouvera toute sa santé si une âme pure vient vivre auprès de lui car, seule, une telle âme pourra chasser cet esprit. Ici dans cette maison, je ne vois que son ami Yi Hangbok. Il m'a tout l'air d'être une personne désintéressée. De plus, il est très brave. Si l'esprit malin rencontre Yi Hangbok, il ne pourra rien faire. Mais ....

– Mais quoi ? interrogea la femme.

– Mais, en échange de l'âme de votre fils, je devrai mourir... soupira le vieil homme.

On congédia l'aveugle extralucide et le premier ministre demanda :

– Seul toi peux sauver mon fils et repousser le fantôme, accepteras-tu de rester parmi nous ?

– Bien sûr, votre excellence répondit le jeune homme. Pour sauver mon ami, je ferai tout ce que vous voulez.

그리하여 이항복은 재상아들의 방에 자리 잡았다. 시간이 지날수록 힘없이 누워있는 친구에게, 이항복은 시와 책을 읽어주었다. 그리고 그날 저녁, 분위기가 돌연 음산해졌고 무시무시한 귀신이 두 젊은 남자 앞에 나타났다.

C'est ainsi qu'Yi Hangbok s'installa dans la chambre du fils du premier ministre. Pour passer le temps, comme son ami, sans force, était alité, il lui faisait la lecture de poèmes. Et puis un soir, l'atmosphère devint subitement lugubre et le fantôme apparut, effrayant, devant les deux jeunes hommes.

귀신은 재상의 아들을 죽이려고 시도했지만 이항복은 단단히 마음을 먹고 둘사이에 앉아있었다. 그러자 귀신이 중얼거리길..

"이항복! 비키시오."

"허튼소리하지 말게!!"

귀신앞에서 굴하지 않고 젊은 청년은 대답했다

"이항복 , 만약 당신이 비키지 않는다면 , 난 당신 또한 죽일거야!!"

귀신이 격노했다.

L'esprit tenta de tuer le fils du premier ministre, mais Yi Hangbok prit son courage à deux mains et s'interposa. Alors le fantôme gronda :

– Yi Hangbok ! Pars !

– Des clous ! répondit le jeune homme campé face à l'esprit malin, les deux poings sur les hanches.

– Yi Hangbok, si tu ne pars pas, je te tuerai aussi ! tempêta le fantôme.

“생각대로 하시게! 이항복은 말했다. 난 당신이 우리를 죽이게 나두진 않을걸세”

“오직한사람만이 당신에게 재상의 아들을 구할수 있는 방법을 알려줬겠군! 이렇게 끝낼수는 없어 !”

귀신은 노발대발 하였다.

그리고 무능하고 격노한 귀신은 바람처럼 사라졌다.

– C’est ce que l’on va voir, répliqua Yi Hangbok. Je ne vous laisserai pas nous tuer.

– Une seule personne a pu t’expliquer comment sauver le fils du ministre ! ragea le fantôme. Cela ne se passera pas comme ça !

Puis de colère, l’esprit, impuissant, disparut comme le vent.

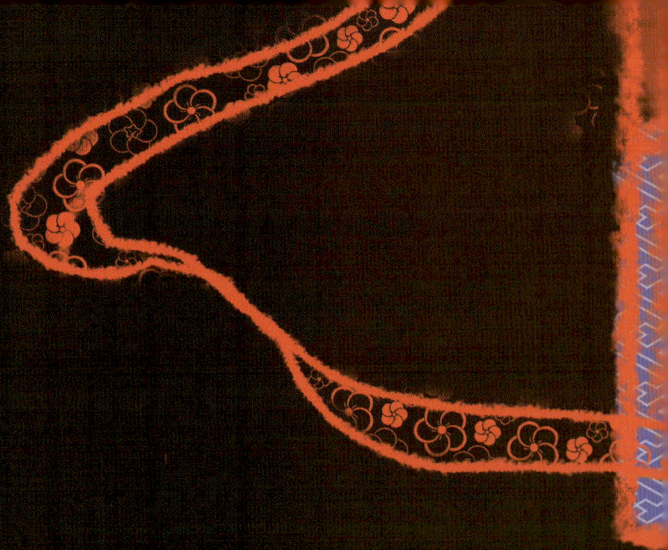

다음날 아침, 재상의 아들은 나쁜꿈에서 깨어났다. 그는 건강을 회복했고 몸상태도 좋아졌다. 재상과 재상 아들의 부인은 기뻐했고 , 이항복에게 귀신을 쫓아준것에 대해서 고마움을 표했다.

"저는 귀신이 가려던 길을 막은것 뿐이오. 하지만 장님이 없었더라면 우리는 아무것도 알지 못했을거오"

"자네 말이 옳네! 재상은 이 사실을 인정 했으며 장님에게도 고마움을 전하고 싶었다.

재상은 장님을 찾기위해 하인을 보냈지만 하인은 슬픈소식을 가지고 홀로 재상의 집으로 돌아왔다. 그날밤 장님은 죽은것이였다. 결국 예언이 맞은 것이였다. 그리하여 재상은 고마운 마음을 보답하고자 장님이 장사를 거하게 지내주었다. 그리고 일생동안 그는 그의 자식인 마냥 장님의 아이들과 집을 돌보아주었다.

Le lendemain matin, le fils du premier ministre s'éveilla d'un mauvais rêve. Il avait recouvré toute sa santé. Il se sentait dans une forme éclatante. Son père et sa femme ravis et soulagés remercièrent Yi Hangbok d'avoir chassé l'esprit malfaisant.

– Oui, j'ai barré la voie au fantôme. Mais sans cet aveugle, nous n'aurions rien su et votre fils serait mort.

– Tu as raison Yi Hangbok, reconnut alors le premier ministre. Il faut aussi remercier ce vieil homme.

Le premier ministre envoya un domestique le chercher. Mais le serviteur revint seul, porteur d'une nouvelle bien triste. Le vieil aveugle était mort la nuit même. La prédiction s'était finalement révélée juste. Alors en remerciement, le premier ministre prit en charge les funérailles de l'aveugle. Puis durant toute sa vie, il s'occupa de ses enfants comme si cela avait été les siens.

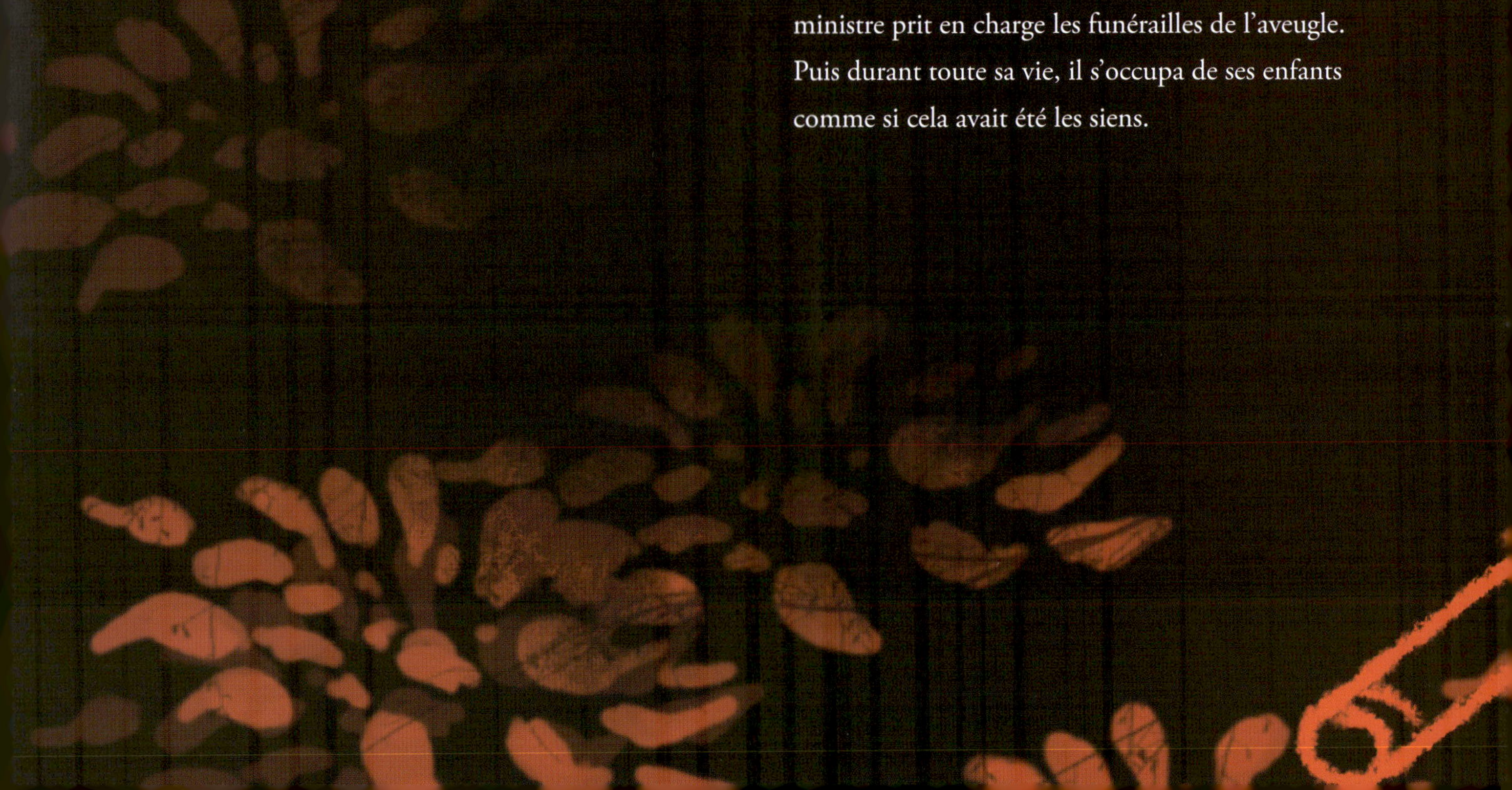

욕심많은 무당
Une chamane cupide

한국어 번역 민지영 Min Ji-yeong
프랑스어 번역 김도희 Kim Do-hee, 김윤영 Kim Yun-young,
민지영 Min Ji-yeong, 오미란 Oh Mi-ran
그림 정슬기 Jeong Seul-ki

한양(서울의 옛 이름)의 장안창방이란 곳에 똑똑한 귀신이 쓰인 무당이 있었습니다. 그 귀신 덕분에 무당은 신비한 부분들에 쉽게 접근할 수 있었습니다. 무당은 미래를 내다보는 능력이 매우 예리했기 때문에, 사람들은 무당과 상담하기 위해 멀리서도 찾아 왔습니다. 무당은 사람들이 물어보는 질문에 다 대답해 주었습니다. 더욱 특별한 건 무당이 예언하면 항상 실현된다는 것입니다. 이 때문에 무당이 대단한 점쟁이라는 소문은 더 좋아졌습니다.

A Jang-an Changbang, un quartier de Hanyang, il y avait une chamane qui était possédée par un esprit. Grâce à celui-ci, elle avait accès aux portes des mystères. Sa clairvoyance était devenue si fine, qu'elle pouvait répondre à toutes les questions, aussi les gens venaient de loin pour la consulter. Le plus extraordinaire, c'est qu'elle pouvait prédire l'avenir et ses prophéties se réalisaient toujours. Ainsi, elle se forgea une réputation de grande divinatrice.

하지만, 무당은 자신이 가진 그 어떤 것보다 돈을 가장 좋아했습니다. 누군가 문제를 문의하러 오거나, 점을 보러 오면 무당은 돈부터 요구하였습니다. 늘, 문제가 크거나 중요하면 돈을 더 요구하였습니다. 또, 무당은 대답의 분명한 정도에 따라서 손님이 주는 돈보다 더 많은 돈을 요구하였습니다.

Mais, la chamane aimait l'argent plus que tout et n'en avait jamais assez. Aussi, chaque fois que quelqu'un venait la voir pour s'enquérir de solutions à un problème ou solliciter une divination, elle commençait d'abord par demander de l'argent. Bien évidemment, plus le problème était important, plus elle demandait d'argent. Ensuite, le degré de précision de ses réponses, dépendait aussi du montant que le client était disposé à payer.

常平通寶

일반적으로 상담은 이렇게 시작되었습니다.

"무당님, 안녕하세요? 저는 고민거리가 있는데요, 당신께서 제가 문제를 해결하는 데 도움을 주시겠어요?"

"음, 알겠어요. 하지만 그 전에 당신은 나에게 돈을 내야 한답니다."

"네, 알겠습니다. 당신은 얼마를 원하나요?"

"당신이 상담을 받겠다면, 당신의 문제가 클수록 값도 비싸져요."

무당은 돈에 욕심이 많고 돈에 대한 욕망도 끝이 없었습니다. 무당은 자신의 일을 열심히 하지 않으면서 반대로 욕심은 더욱 커졌습니다. 욕심이 점점 커지자, 무당은 나쁜 길로 빠져들었고, 사람들에게 못되게 굴었습니다. 무당은 몇 번씩 사람 사이를 이간질하여 사람들을 화나게 만들었습니다. 게다가 창방 무당은 자신의 주술로 연인의 사랑 관계를 끊어 버리기도 했습니다. 마침내, 사람들은 무당이 한양 돈의 대부분을 거저먹으려 한다고 험담하기 시작했습니다.

En général, la consultation débutait comme ça :

– Bonjour Madame ? J'ai un gros problème ! Pourriez-vous m'aider à trouver une solution ?

– Heum … Oui … Mais avant toute chose, vous devez me donner de l'argent …

– Bon d'accord, combien voulez-vous ?

– C'est-à-dire … C'est à vous de voir, mais plus il y en a, plus cela vaut …

Bref, elle était gourmande en argent et cette gourmandise n'avait pas de limite. Alors, les gens commencèrent à jaser car elle avait profité de presque toutes les bourses de Hanyang.

그러던 어느 날 아침, 김 대감의 하인이 무당을 찾아 왔습니다. 김 대감이 많이 아팠기 때문이죠.

의원들이 약을 찾지 못하자, 하인은 무당의 신비스러운 능력으로 대감의 병이 나을 수 있다고 생각하였습니다.

Un matin, un domestique du prince Kim vint lui rendre visite. Ce dernier était tombé gravement malade. Les médecins ne trouvaient aucun remède, alors on avait décidé de s’en remettre aux forces occultes.

하인은 김 대감의 치료를 위해 창방 무당에게 함께 가기를 간청했습니다. 무당은 하인이 타고 온 화려한 말을 보고, 그 자리에서 자신이 이 일을 해결할 경우 받을 수 있는 돈을 계산하였습니다.

딱! 딱! 무당은 자신의 일을 접고 대감이 누워 있는 곳으로 갔습니다.

Le serviteur pria la chamane de Changbang de l'accompagner, toute affaire cessante, au palais du noble homme. La sorcière calcula immédiatement le profit qu'elle pourrait tirer de cette affaire.

Cric crac ! Elle ferma boutique et se rendit sans plus attendre au chevet du prince.

하지만 며칠이 지나도 무당의 모습은 전혀 보이지 않았습니다. 무당의 집은 문이 닫힌 채로 완전히 버려진 것처럼 비어 있었습니다. 무당이 어디로 사라진 것인지는 아무도 몰랐습니다.

무당이 사라졌다는 소문은 빠른 속도로 퍼졌습니다.

몇몇 사람들은 무당이 행복해 하며 길을 떠났다고 했습니다. 그 중 확실한 것은, 어떤 사람이 한양과 떨어진 곳에서 창방 무당을 보았다는 이야기입니다. 하지만 다른 사람들은 믿지 않았습니다. 무당은 자신의 직업을 포기해서라도 많은 돈을 벌수 있다면 그 일을 하고 싶어 했기 때문입니다. 또 다른 사람들에게 들리는 이야기는 무당이 죽었다는 사실과 무당이 죽으면서 그 몸 안에 있던 귀신이 도망쳤다는 것입니다.

Mais depuis ce jour, elle ne reparut plus jamais. Sa maison resta vide et close comme si elle était complètement abandonnée. Personne ne savait où elle était passée.

Les rumeurs repartirent de bon train, beaucoup pensèrent qu'à coup sûr, fortune faite, elle était partie et devait couler des jours heureux. Certains assuraient même qu'on l'avait vu loin de la capitale. Mais d'autres n'y croyaient pas. Elle aimait beaucoup trop l'argent pour abandonner un fond de commerce aussi lucratif. D'autres encore avaient entendu dire qu'elle était morte et racontaient qu'à son dernier souffle, plus d'un esprit s'étaient échappés de son corps

어쨌든, 사람들은 김 대감의 집에서 돌아온 무당의 모습을 전혀 본적이 없어서 그 불가사의한 사라짐에 궁금증을 가졌습니다.

어떻게 해서 창방무당은 죽게 된 것일까요?

무당은 영혼과 귀신을 명령할 수 있었던 신비한 인물이었습니다. 또한 무당은 실수 없이 미래를 예언할 수 있었습니다. 이런 무당에게 그러한 불행이 생기는 것은 불가능합니다.

En tout cas, comme personne ne l'avait jamais vu revenir du palais du prince Kim, tous étaient curieux de cette mystérieuse disparition.

Comment la chamane de Changbang aurait pu être attrapée par la mort ? Elle, qui était capable de commander aux esprits et aux fantômes. Elle, qui pouvait prédire l'avenir sans jamais se tromper. Non ! C'était impossible qu'un tel malheur puisse lui arriver.

그러던 어느 날, 한 무당이 모든 진실을 폭로하였습니다. 그 무당은 "창방 무당은 죽은 것이 맞아!"라고 이야기했습니다.

무당의 욕심 때문에 하늘로부터 벌을 받은 것이라고 말입니다.

시간이 지나, 창방 무당의 귀신은 다른 무당인 자신의 몸에 들어왔고, 귀신은 이제 그 무당의 몸에 정착했다고 말해 주었습니다.

Et puis un jour, une autre chamane dévoila toute la vérité :

– La chamane de Changbang est bien morte ! déclara-t-elle. Elle a été punie par le ciel à cause de sa cupidité.

Il y a peu de temps, un esprit puissant est entré dans mon corps. Il m'a révélé être Celui qui l'habitait.

다음 날, 사람들은 한강에서 창방 무당의 시체를 발견하였습니다.

그 누구도 창방 무당이 어떻게 된 것인지는 여전히 알 수 없습니다.

Le lendemain même, on découvrit le corps sans vie de la chamane de Changbang sur les rives du fleuve Han. Nul ne sait vraiment ce qui l'a emportée.

옹고집전
Le sosie de paille

한국어 번역 오미란 Oh Mi-ran, 김은주 Kim Eun-ju
프랑스어 번역 최보람 Choi Bo-ram, 박미나 Park Mi-na, 김시내 Kim Si-nae
그림 이의정 Lee Ui-jeong

옛날, 부자이면서 성격이 매우 고약한 옹고집이라는 한 남자가 살았다. 그는 하찮은 존재들이나 이웃에게도 몽둥이질을 많이 했던 아주 못된 사람이었다. 그의 집은 크고 아름다웠으며 아마도 이 마을에 있는 집들 중에서 가장 크고 아름다웠을 것이다. 그는 부족한 것이 전혀 없었고 그의 창고에는 좋은 음식들이 항상 풍부했다. 그러나 그는 누군가가 그에게 도움을 요청하여도 자비나 동정을 철저하게 거부한 인색한 사람이었다.

Il était une fois, un homme riche et très mauvais qui s'appelait Ong Go-jip. Il était si méchant, qu'il avait fait donner cinquante coups de bâton à son voisin, pour des broutilles. Sa maison était grande et belle, peut-être la plus grande et la plus belle de tout le bourg. Il ne manquait de rien et son cellier débordait toujours de bonnes choses à manger.

어느 날, 가난한 중이 약간의 먹을 음식을 얻기 위하여 그의 대문을 두드렸다.

"음식을 주십시오. 부탁드립니다. 밥 한 술을 주시면 부처님의 은혜를 받을 것입니다."

굵은 방울 모양의 작은 징을 울리며 기도를 단조로이 읊조리던 중이 밥을 달라고 요구했다. 그러나 그 중이 기도 자세로 몸의 상체를 굽히는 순간, 중은 많은 모욕을 받았고 계속되는 욕설을 들었다. 이 불쌍한 중은 계단 밑으로 굴러 떨어졌고, 거리의 먼지투성이 속에 주저앉았다. 옷은 찢겨졌고 무릎은 긁혀 상처가 났다. 그러나 옹고집은 아무런 양심의 가책을 느끼지 못했다. 반대로, 그는 중을 향하여 분노하며 그에게 중의 짐을 내던졌다. :

"이 가난뱅이야 내 집에서 나가! 거짓말은 다른 곳에서나 하라고! 그리고 두 번 다시는 오지 마. 이런 더러운 사기꾼!"

옹고집은 그에게 소리를 질렀다.

"당신의 말을 들으니 옹고집! 당신은 동정 따윈 없구려! 이런 가난한 승려를 내몰다니, 부처님께서 당신을 벌하실 것이오. 내 말들을 잘 기억하시오!"

그 중은 떠나면서 옹고집에게 대답했다.

Mais il était si avare qu'il refusait systématiquement la charité, à quiconque venait lui demander de l'aide.

Un jour, un pauvre bonze vint frapper à sa porte pour mendier un peu de nourriture.

– Donnez-moi, s'il vous plaît, un peu de riz et vous recevrez la grâce de Bouddha, demanda le moine qui commençait à psalmodier une prière en la rythmant au son de son petit gong de bois en forme de gros grelot. Mais, alors qu'il penchait son buste en priant, le moine n'eut pour réponse qu'un formidable coup de pied au derrière, suivi d'injures. Le pauvre homme roula au bas des escaliers, s'affala dans la poussière de la rue, déchira ses vêtements et s'écorcha les genoux. Mais Ong Go-jip ne s'en émut pas. Au contraire, il déchargea sa colère contre le bonze :

– Hors de chez moi va-nu-pieds ! Va faire tes simagrées ailleurs ! Et surtout ne reviens jamais plus. Sale voleur ! lui lança Ong Go-jip.

– Attention à tes paroles, Ong Go-jip ! Tu es sans pitié ! À chasser ainsi les pauvres, Bouddha finira par te punir. Souviens-toi bien de mes paroles ! » lui répondit le bonze en s'en allant.

한 때, 사찰로 돌아온 중은 옹고집을 벌할 계획을 세웠다. 그는 두꺼운 볏짚들을 한 아름 모았고, 옹고집 모형의 큰 인형을 만들기 위해 볏짚을 모으고 엮었다. 그리고 나서, 요술의 힘을 빌려 옹고집과 빼닮은 꼭두각시 인형에 생명력을 불어넣었다.

Une fois revenu au temple, le bonze prépara sa revanche. Il rassembla une grosse brassée de paille de riz, qu'il assembla et tressa pour en faire une grande marionnette en forme d'Ong Go-jip. Puis à l'aide de formules de magie blanche, il donna vie à cette marionnette qui ressemblait en tout point à Ong Go-jip.

그 인형이 사찰의 문턱을 지날 때에 승려는 그 인형에게 명하였다. :

"자! 옹고집처럼 행동하라!"

이렇게, 가짜 옹고집은 진짜 옹고집의 집안에서 스스로 주인행세를 했다. 결국 이 둘은 서로 대면하게 되었고 서로를 보고 노발대발하였다.

"당신은 누구야?"

동시에 물었다.

"나는 옹고집이다!"

동시에 대답했다.

"아냐, 내가 옹고집이지! 내 집에서 나가라, 이 사기꾼!"

한 명이 고함을 질렀다.

"내 집에서 나가! 이 거짓말쟁이야!"

다른 한 명 역시 격분했다.

"사기꾼!"

믿을 수 없는 일이다! 옹고집 집안의 가족들과 하인들은 매우 놀랐다. 왜냐하면 이 두 남자는 모든 점에서 완전히 서로 닮았기 때문이었다. 그들은 얼굴, 목소리, 거동, 못된 성질, 복장이 똑같았다. 옹고집의 아내는 이 두 사람 중에 누가 자신의 남편인지를 알아내지 못했다. 옹고집은 이마와 엉덩이의 한 쪽 부분에 흉터를 가지고 있었기 때문에 그의 아내는 그녀만이 알고 있는 옹고집의 흉터를 자신에게 보여주기를 그들에게 요구했다.

Au moment où la marionnette franchit le seuil du temple, le moine lui ordonna :

– Va ! Et agis comme Ong Go-jip.

Ainsi, le faux Ong Go-jip fait avec de la paille de riz se rendit dans la maison du vrai Ong Go-jip. Fatalement ils se rencontrèrent, et tous deux se mirent en colère à la vue de l'un et de l'autre.

– Qui es-tu ? grondèrent les deux hommes en même temps.

– Je suis Ong Go-jip ! répondirent-ils ensemble.

– Non, c'est moi ! Hors de chez moi, imposteur ! ragea l'un.

C'était incroyable! Même la famille et les domestiques d'Ong Go-jip étaient très surpris car les deux hommes se ressemblaient en tous points. Ils avaient le même visage, la même voix, la même démarche, le même mauvais caractère, les mêmes habits. La femme d'Ong Go- jip n'arrivait pas à reconnaître lequel des deux était son mari. Elle leur demanda de montrer les cicatrices qu'elle seule connaissait parce que son mari en avait une à la tête et une autre sur la fesse. Les deux hommes, sans se faire prier, ôtèrent chapeau et descendirent culotte, mais les deux hommes portaient les mêmes cicatrices.

– Me mettre à la porte de chez moi ! Menteur ! cracha l'autre.

– Filou ! …

그리하여 가족들은 가족들의 비밀에 관한 질문을 시작했다. 부인은 옹고집들에게 질문을 하기 시작했다.

"우리의 신혼 첫날밤에 당신은 어디에 있었지요?"

"나는 화장실의 높은 곳에서 떨어졌어."

두 옹고집이 대답했다. 이것도 맞는 답이었다. 그리고 두 남자는 그 답을 알고 있었다.

"당신이 놀음을 했을 때 우리 어머니 집에서 얼마나 있었죠?"

아들이 물어보았다.

"2년이었지!"

두 옹고집이 마치 한 명인 것처럼 대답했다. 몇 질문에서도 이와 마찬가지로, 두 사람은 같은 방법으로 대답했다. 가족들도 남들처럼 누가 진짜인지 가짜인지를 구별하지 못하였다. 그래서 사람들은 사또를 보러 가야할 필요가 있다고 생각했다. 모든 가족들과 관아로 갔다.

Alors on entreprit de les questionner sur les secrets de famille. L'épouse commença par leur demander :

– Que s'est-il passé pendant notre nuit de noce ?

– Je suis tombé du haut des toilettes ! répondirent les deux hommes. C'était la bonne réponse et les deux hommes la connaissaient.

– Quand avez-vous joué aux jeux de hasard en cachette de ma mère ? questionna le fils.

– Il y a deux ans ! répondirent comme un seul homme les deux Ong Go-jip. Et ainsi de suite, à chaque question, les deux hommes répondaient de la même manière.

Comme personne n'arrivait à distinguer le vrai du faux, on se dit qu'il fallait aller voir le juge.

그 곳의 사또가 말하길 :
"진짜 옹고집은 자신의 근본을 알 것이다. 우리가 너희에게 집안의 혈통과 시초에 관하여 묻겠다. 너의 고조할아버지의 성함이 어떻게 되느냐?"
사또가 질문을 했다.
"고조부의 성함이요?"
라고 진짜 옹고집은 물었고
"당연히 모르죠."
라고 대답했다.

조상 섬김에 대해 전혀 신경 쓰지 않았던 것은 그의 성격이 매우 구두쇠 같았기 때문이다. 그는 돈을 들여 제사상을 차리거나 효심을 갖고 의식들을 준비하거나 관습에 따라 요구되는 족보를 공부하지도 않았다. 그러므로 그는 그의 조상들을 어떻게 불러야 하는지 알지 못했다. 그러나 짚으로 만들어진 옹고집은 사또의 모든 질문을 알고 대답했다. 이 질문들 때문에 가짜 옹고집을 진짜 옹고집으로 확신했다. 모든 가족들조차도 하나같이 그가 진짜임을 믿었다. 왜냐하면 짚으로 만들어진 옹고집이 대답을 잘하였기 때문이다.

Toute la famille se rendit au tribunal, le juge dit :
- Seul le vrai Ong Go-jip sait d'où il vient, nous n'avons qu'à leur poser des questions sur la généalogie et l'origine de leur famille. Quel est le nom du père de ton arrière grand-père ? poursuivit l'homme de loi.
- Le nom de mon trisaïeul ? demanda le vrai Ong Go-jip. Ma foi, je ne sais pas », répondit-il.

Bien trop occupé par son avarice, il ne se souciait jamais d'honorer ses ancêtres. Jamais il ne dressait d'autel chargé d'offrandes, jamais il n'avait organisé ces cérémonies de piété filiale, il n'avait non plus jamais étudié les livres de la généalogie de sa famille comme l'exigeait la coutume. Il ne savait donc pas comment s'appelaient ses ancêtres.

이에 사또는 진짜 옹고집을 신분 사칭죄로 처벌하였다. 진짜 옹고집은 곤장 50대를 맞았다. 불쌍한 진짜 옹고집은 자신이 결백하다고 주장하였고 그것이 받아들여지길 애원하였다. 그는 아무것도 할 수 없었다. 그는 얻어맞았고, 길거리로 거지처럼 던져졌다. 모욕당한 진짜 옹고집은 더 이상 갈 곳이 없었다.

Mais l'Ong Go-jip de paille, lui, sut répondre à toutes les questions du juge. Alors ce dernier fut convaincu que le faux Ong Go-jip était le vrai. Et même toute la famille crut la même chose car l'Ong Go-jip de paille avait bien répondu. Le juge ordonna une punition pour usurpation d'identité. Ong Go-jip reçut cinquante coups de bâton, sur le postérieur.

그는 그의 부유함, 집, 가족들마저 몽땅 잃었다. 그는 걸어 다니며 유랑 생활을 했다. 다시 말해, 그는 가난뱅이처럼 이곳저곳을 돌아다녔다. 이렇게 그는 6개월 동안 방랑하며 자비롭게 살았다.

어느 날 아침, 그는 어떤 집으로 구걸하러 갔는데 내쫓김을 받자, 과거 그가 쫓아냈던 불쌍한 스님이 떠올랐다. 그래서 그렇게 했던 것이 중죄였음을 깨달았다. 1년 후, 그의 잘못을 갚기 위해 그 스님이 살고 있는 산으로 갔다. 절에 도착하자 그는 엎드려서 스님에게 용서를 빌었다. 그는 가족들의 품으로 되돌아갈 수만 있다면 앞으로 착하고 자비로운 사람이 될 것임을 약속하였다. 그는 스님이 감명받았다는 것을 확신하고 자신이 용서를 받을 이유를 말하였다.

Le pauvre Ong Go- jip eut beau jurer, crier, implorer qu'il était le vrai Ong Go-jip. Rien n'y fit. Il fut battu et jeté à la rue comme un mendiant.

Ong Go-jip, humilié, ne savait plus où dormir. Il avait tout perdu, ses richesses, sa maison, et même sa famille. Alors, il vagabonda où le conduisaient ses pieds, c'est-à-dire par ici et par là comme un pauvre hère. Il traîna ainsi pendant six mois, vivant de la charité. Un matin, alors qu'on le chassait d'une maison où il était venu mendier, il se souvint de ce pauvre bonze qu'il avait lui-même chassé. C'est alors qu'il comprit son forfait. Un an plus tard, pour expier sa faute, il se rendit dans la montagne où vivait ce moine. Arrivé au monastère, il se prosterna et implora le pardon du bonze. Il promit que désormais, il serait bon et généreux s'il retrouvait sa place au sein de sa famille. Il défendit sa cause avec tant de véhémence et de conviction que le bonze en fut ému.

스님은 가짜 옹고집이 계속 살고 있는 그 집까지 진짜 옹고집과 동행했다. 스님이 주문을 외우자 옹고집과 똑같이 생긴 가짜 옹고집은 볏짚 인형으로 돌아갔다. 스님은 산으로 다시 떠나기 전에 그에게 꼭 약속을 지킬 것을 명했다. 그리고 옹고집은 그렇게 하겠다고 말했다.

Il accompagna Ong Go-jip jusqu'à sa maison où vivait toujours le faux Ong Go-jip. Le bonze prononça les formules magiques, et à la grande surprise du vrai Ong Go-jip, son sosie redevint une poupée de paille de riz. Avant de repartir vers sa montagne le bonze lui ordonna de tenir sa promesse.

옹고집은 상냥하고 친절한 사람이 되었다. 그는 진실의 내적인 면을 알게 되었다. 그는 가족들을 사랑하기 시작했고 가난하고 불쌍한 사람들에게 음식을 주었다. 3년 후, 옹고집은 모든 마을 사람들 중에서 가장 관대한 사람으로 알려졌다.

Et il en fut ainsi. Ong Go-jip devint un homme doux et gentil. Il avait acquis la connaissance profonde de la vérité. Il se mit aussi à adorer sa famille et il donna à manger aux pauvres et aux nécessiteux. Trois ans plus tard, Ong Go-jip était connu comme étant l’homme le plus généreux de tout le bourg.

첩의저주
La malédiction de la concubine

한국어 번역 이광우 Lee Kwang-woo , 김기훈 Kim Ki-hoon
프랑스어 번역 유인혁 Yu In-hyuk, 유재경 You Jae-kyong
그림 이잎새 Lee Ip-sae

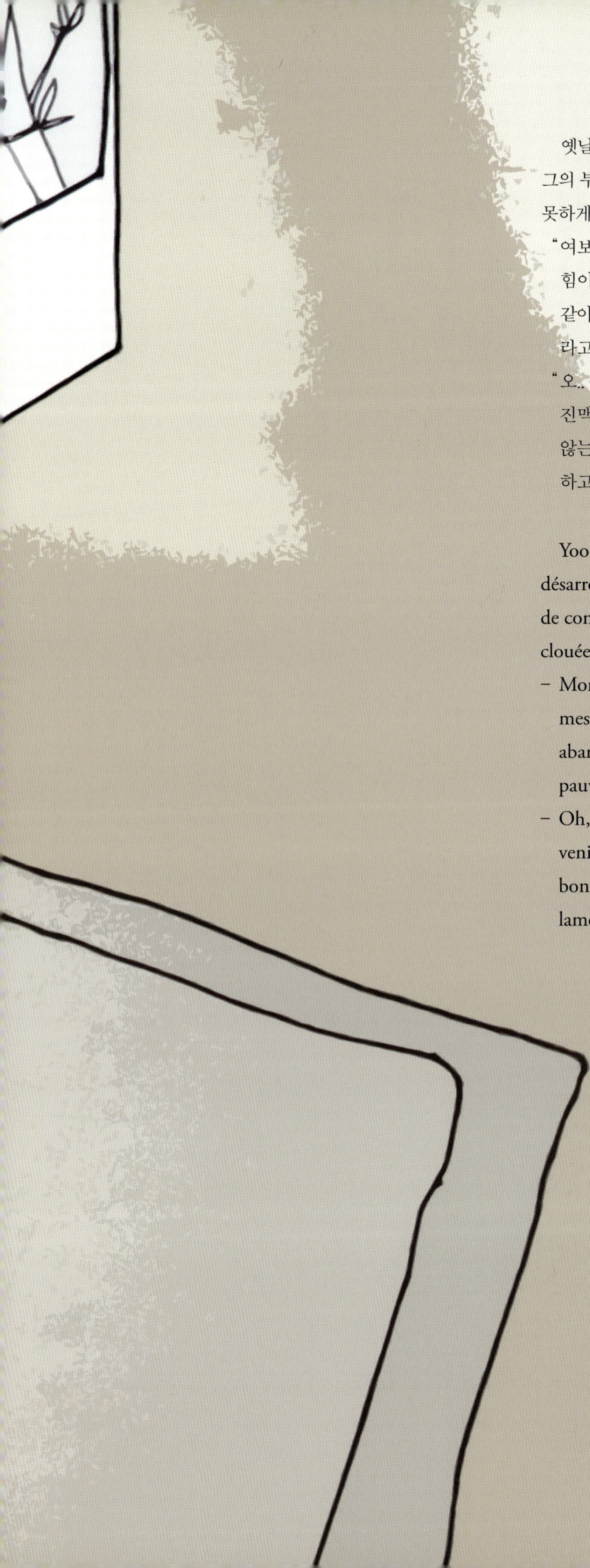

옛날에 유몽인이라는 한 양반이 살고 있었다. 그는 그의 부인 신씨가 알 수 없는 병에 걸려 침대에서 꼼짝도 못하게 되어 깊은 근심에 빠져 있었다.

"여보. 병이 너무 깊어 얼마 살지 못할 것 같아요... 힘이 점점 빠지는게 얼마 안가 당신을 떠나게 될 것 같아요..."

라고 신씨 부인이 조그맣게 말했다.

"오.. 부인... 나는 모르겠구려. 최고의 의원을 불러들여 진맥했고, 수많은 영약을 먹였는데 어찌하여 낫지 않는단 말이오?"

하고 유몽인은 한숨을 쉬었다.

Yoo Mong-in, un noble, était dans le plus grand désarroi parce que sa femme, madame Shin venait de contracter une étrange maladie qui la tenait clouée sur sa couche.

– Mon cher époux, je me meurs, le mal me ronge, mes forces m'abandonnent. Bientôt je vous abandonnerai pour l'autre monde, soupirait la pauvre femme.

– Oh, ma chérie … Je ne comprends pas, j'ai fait venir les meilleurs médecins, tu as pris tous les bons remèdes ! Pourquoi ne guéris-tu pas ? se lamentait le gentilhomme.

이런 절망적인 상황을 보며 한 하인이 유몽인에게 말했다.

"대감님, 복동에게 도움을 청하는 게 어떻겠습니까. 대감님도 이 일대에서 그 만한 무 당이 없다는 것을 잘 알지 않습니까. 소인은 그가 마님의 병의 원인을 찾을 수 있을 거라 장담합니다."

그러나 유몽인은 미신 따위는 믿지 않았다.

"어험. 난 그런 미신은 믿지 않는다. 네가 한 그 말은 좋지않은 방법이로구나. 우리는 과학적인 것을 믿어야 한다."

하지만 하인은 자신의 생각을 굽히지 않았다.

Voyant cette situation catastrophique, un domestique de la maison conseilla à son maître :

– Monsieur, nous pourrions demander l'aide de Bokdong. Vous savez bien qu'il n'y a pas meilleur chaman dans toute la région. Je suis sûr qu'il trouvera la source de la maladie de madame Shin.

Cependant, Yoo Mong-in ne croyait pas à toutes ces superstitions occultes.

Alors il soupira :

– Hummm, je n'ai aucune confiance en ces charlatans. Ce que tu me proposes est le pire des moyens. Nous devons faire confiance à la science.

Mais le domestique ne voulait pas démordre de son idée.

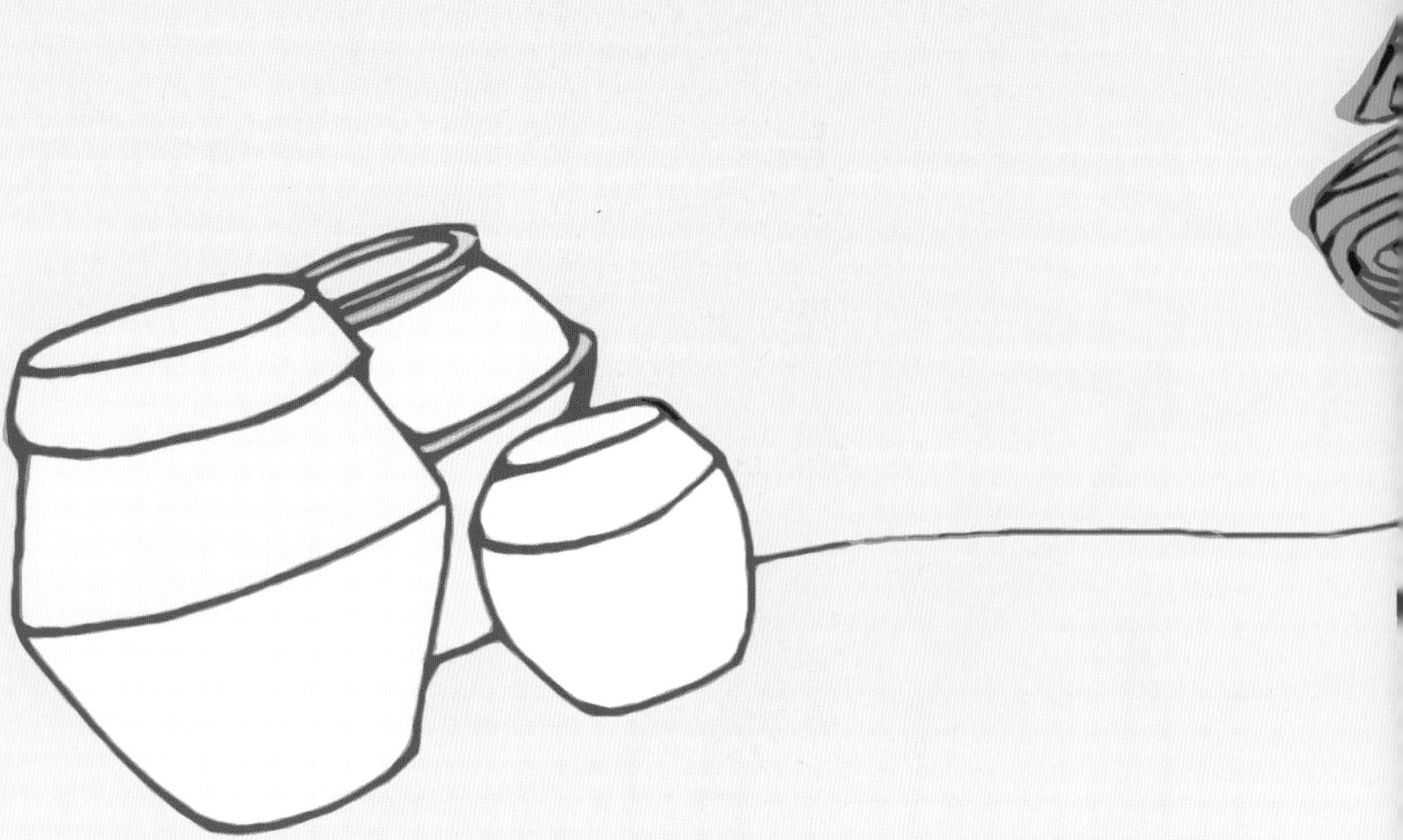

그는 유몽인의 명을 어기고 몰래 복동을 찾아 갔다. 복동은 향을 피우고 부채로 탁 치며 물이 담긴 그릇을 앞에 두고 신령에게 굿을 했다. 그리고 신내림을 받은 뒤 하인에게 말했다.

"네 주인의 집 뜰에 있는 장독대 밑에 무언가가 묻혀있다!"

"네? 뭐라고요? 그건 말도 안 되는 일입니다. 누가 거기에 뭔가를 숨겨 놓을 수 있겠습니까?

하고 하인이 놀라 소리쳤다.

"에헴. 나는 모르겠다. 신령님이 그 밑에 있는 것은 말해주시지 않았다. 허나 당장 그곳으로 가서 묻어둔 것을 치우도록 해라."

Alors il alla, en secret et contre la volonté de son maître, voir ce fameux Bokdong. Ce dernier brûla de l'encens, fit claquer son éventail, invoqua, au dessus d'un bol d'eau, les esprits et quand il revint de sa transe, il expliqua au domestique :

– Il y a quelque chose de caché sous les jarres entreposées dans la cour de ton maître.

– Quoi ? Que dites-vous ? Mais ce n'est pas possible, s'exclama le serviteur. Qui a pu y cacher quelque chose ?

– Hummm … Je ne sais pas … les esprits ne m'ont rien dit la dessus … Mais je te conseille d'aller, au plus vite, nettoyer ce qu'on y a mis.

하인은 대감의 집으로 즉시 돌아와 장독대 밑을 파기 시작했다. 그러자 놀랍게도 거기에 사람의 뼈와 머리 그리고 주술이 걸린 인형이 묻혀있었다. 무당이 정확히 봤던 것이었다. 누군가가 유몽인의 집에 화를 가져오려고 저주를 걸었던 것이었다.

곧바로 하인은 유몽인을 찾아가 말했다.

"대감님. 제가 찾은 것을 보십시오. 이것이 대감님 앞마당의 장독대 밑에 묻혀있던 것입니다."

"이것이 무엇이냐? 누가 이 끔찍한 것을 내 집에 묻었단 말이냐!?"

"그건 소인도 모르겠습니다. 허나 무당 복동이 알려준 덕에 이것들을 찾았습니다."

" 그 무당을 찾아가지 말라고 하지 않았더냐. 허나 이 이해할 수 없는 일을 직접 보게 되었구나……."

유몽인은 이 명백한 증거에 납득하지 않을 수 없었다. 이 일은 너무나 중대한 일이었고, 무당의 주술은 그의 생각보다 훨씬 효험이 있었다.

그는 하인에게 명했다.

"무당을 다시 찾아가거라. 그리고 네가 찾은 것을 그 무당에게 보여 주거라. 그리고 누가 이 끔찍한 짓을 했는지 물어 보거라."

Sur ce, le domestique retourna immédiatement à la maison de son maître et creusa sous les jarres de la cour. Incroyable ! Il y trouva un crâne, des os humains et une poupée imprécatoire. Le chaman avait vu juste. Quelqu'un avait proféré une malédiction pour apporter le malheur à la maison de Yoo Mong-in. Sans hésiter, le serviteur annonça à son maître :

– Monsieur, regardez ce que je viens de découvrir. Ces choses étaient enterrées sous les jarres de votre cour.

– Qu'est-ce que c'est ? Qui a enfoui ces horreurs chez moi ?

– Je ne le sais pas, mais je les ai trouvées grâce aux indications du chaman Bokdong.

– Je t'avais interdit d'aller voir ce sorcier, grommela le noble, mais finalement, je vois bien que cette histoire dépasse notre entendement.

Yoo Mong-in devait se rendre à l'évidence, l'affaire était vraiment grave et la magie du chaman était une science bien plus puissante qu'il ne l'avait pensé. Alors il commanda à son domestique :

– Retourne voir le chaman et montre lui ce que tu as trouvé sous nos jarres ! Et demande lui de découvrir l'auteur de ces abominations.

하인은 바람처럼 달려가 복동의 집 대문을 두드렸다.

"아, 다시 왔구나. 네 주인이 우리 무당의 힘을 인정했느냐?"

복동이 차갑게 웃으며 말했다.

"예. 인정하셨습니다. 그리고 지금 대감님은 누가 이 주술이 걸린 인형과 뼈들을 숨겨놓았는지 알고 싶어 하십니다."

하인이 말한 것을 알아보기 위해 무당이 다시 굿을 준비했다.

복동은 다시 신이 들려 신령과 이야기 했다. 그리고는

"이 상자를 가져가라. 상자 안에는 나무로 된 작은 판자가 있을거다. 거기에 범인의 이름이 적혀있다."

Le serviteur fila comme le vent et alla frapper à la porte du magicien.

– Ah, te revoilà, ricana Bokdong, ton maître reconnaît enfin le pouvoir qui est le nôtre.

– Oui, acquiesça le serviteur et maintenant il veut savoir qui a caché ces os et cette poupée imprécatoire.

A l'aide des éléments apportés par le domestique, le chaman organisa une autre cérémonie. Il entra une nouvelle fois en transe, communiqua avec les esprits et annonça :

– Prends cette petite caisse, tu y trouveras des petites planches en bois sur lesquelles est inscrit le nom des coupables. Tiens, emporte-la et donne-la à ton maître.

하인은 돌아와서 유몽인에게 그 상자를 건네주었다. 그 안에는 두개의 판자가 있었다.

“두 명의 이름이 있구나... 애개와 애옥... 애개는 내 전 첩인데 애옥은 모르겠구나. 애옥이 누굴까...?”

“제게 애개를 찾으라 하겠습니다. 그녀는 애개를 알겁니다.”

이렇게 하여 애개를 잡아들이게 되었다. 그리고 곧장 물어봤다. 하지만 그녀는 아무것도 시인하지 않았다.

“맹세하는데 처음 듣는 일이에요! ”

그녀가 주장했다.

그런데 유몽인의 아들이 애옥의 이름을 듣고는 중금의 아내라는 것을 전에 들었다고 말했다. 중금은 유몽인의 하인 중 한명이었다.

De retour, le domestique donna la caisse à Yoo Mong-in. A l’intérieur, ils y trouvèrent deux planchettes.

– Il y a deux noms … constata Yoo Mong-in, Ae-gae et Ae-ok … Ae-gae est mon ancienne concubine, mais je ne connais pas Ae-ok, qui cela peut-il bien être ?

– Je vais faire rechercher Ae-gae, suggéra le domestique. Elle nous renseignera bien sur cette Ae-ok.

Ainsi fut fait, on arrêta Ae-gae et on la mit sur l’heure à la question. Mais elle ne voulut rien reconnaître.

– Sur ma vie, je suis étrangère à cette affaire ! prétendit-elle.

C’est alors que le fils de Yoo Mong-in, entendant le nom d’Ae-ok, annonça que la femme de Jung-geum, un autre domestique de la maison, portait le même nom.

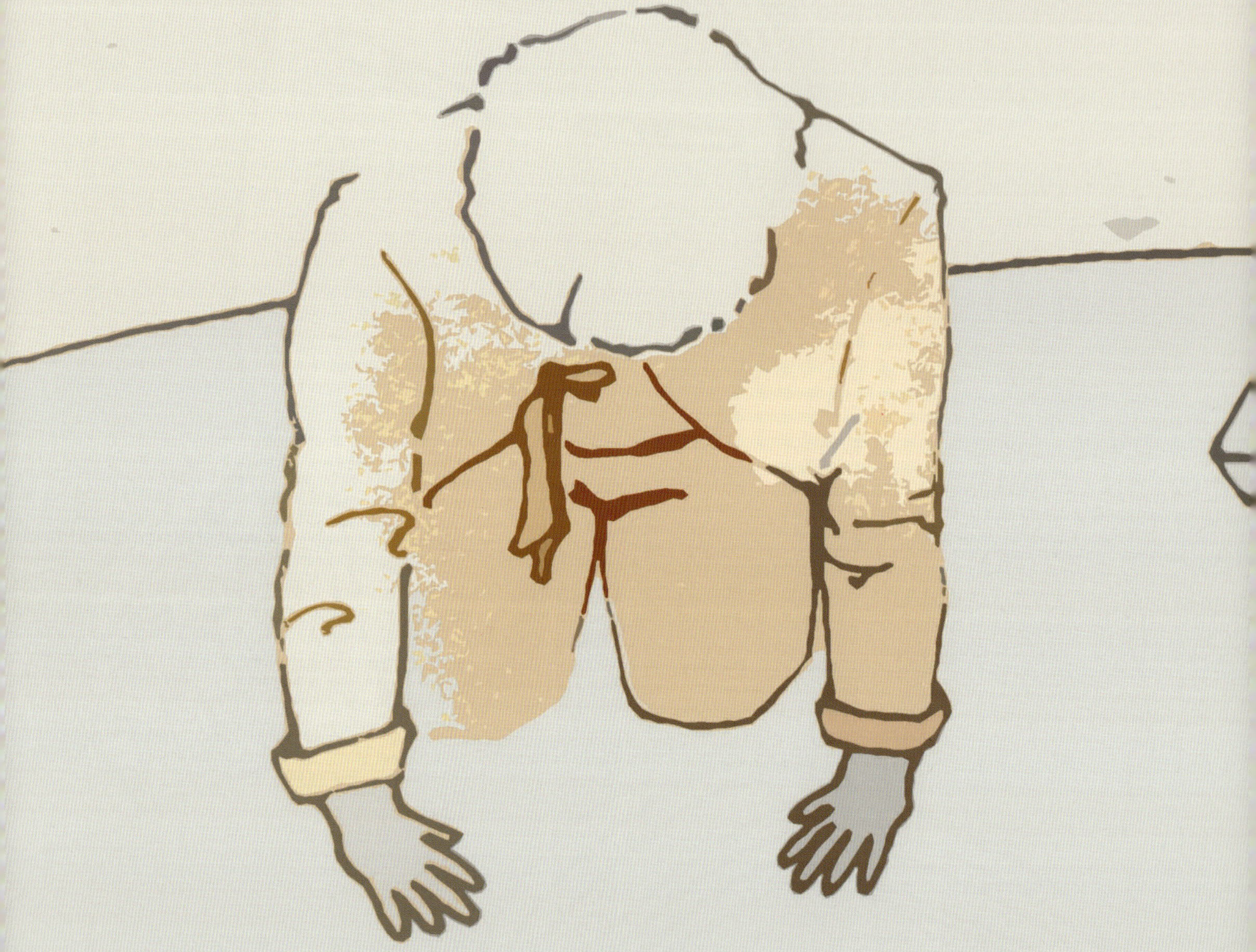

중금을 잡아들였다.

"사람들이 나에게 너의 부인이 내 아내의 병과 관련이 있다고 하더구나. 이 일에 대해 소상히 고하거라. 애옥이 이 뼈와 인형을 묻지 않았더냐?

"소인은 전혀 모르겠습니다. 허나 한 가지 소문을 들었습니다. 제 부인이 미심쩍은 행동을 저질렀을지도 모릅니다.

수치심에 가득 차 불쌍하게 중금이 말했다.

On convoqua Jung-geum :

– On me rapporte que ta femme serait impliquée dans la maladie de madame Shin. Que peux-tu me dire concernant cette affaire ? Ae-ok n'aurait-elle pas enterré ces os d'homme et cette poupée ?

– Je ne sais rien de cela… confia le pauvre homme plein de honte. Mais j'ai entendu des rumeurs… Il est possible que ma femme ait commis des actions douteuses, finit par admettre Jung-geum.

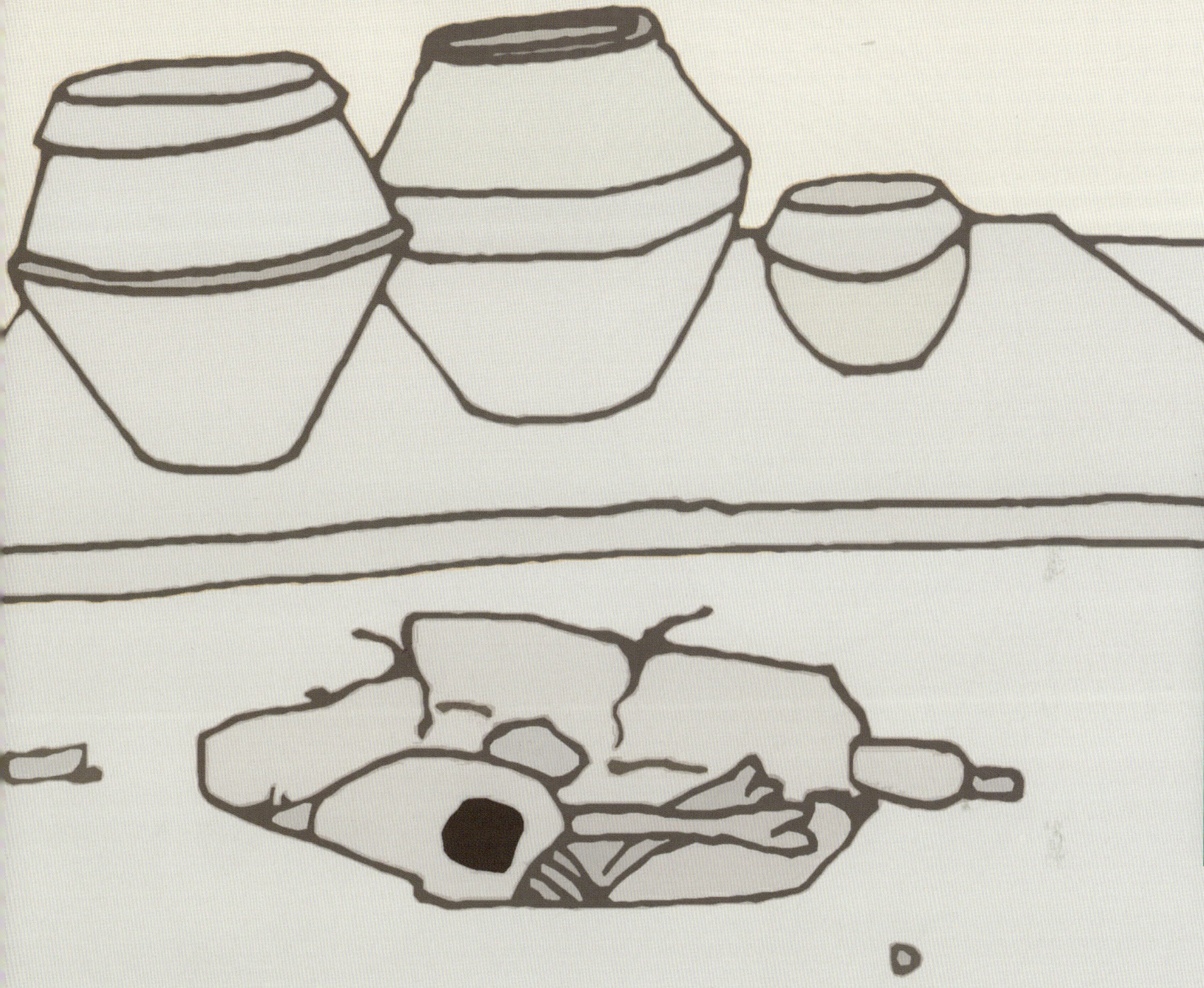

애옥을 데리고 와서 그녀에게 모든 걸 자백하도록 잔인하게 심문했다.

"예, 대감님의 뜰에 그것들을 묻은 게 접니다... 정말 죄송합니다..."

애옥이 눈물범벅이 되어 자백했다.

"어찌하여 그런 것이냐?"

"대감님의 전 첩인 애개가 그것을 시켰습니다."

하고 그녀가 한탄하듯 말했다.

그리고 애개는 애옥이 심문 당했던 그곳으로 끌려갔다. 그녀는 유몽인의 명을 거절할 수 없었다. 그녀는 만일 신씨가 죽는다면 그녀의 전 남편인 유몽인이 그녀에게 다시 돌아 올 거라고 생각했다. 유몽인은 그녀가 죽을 때까지 옥에 가두라고 하명했다.

On fit alors venir Ae-ok et on la questionna si violemment qu'elle avoua tout :

– Oui c'est moi qui ai enterré ces choses dans votre cour, confessa la femme éplorée. J'en suis profondément désolée…

– Pourquoi ? rugit Yoo Mong-in.

– Ae-gae, votre ancienne concubine, m'a obligé à le faire, se lamenta-t-elle.

On fit remonter Ae-gae sur le chevalet où elle reconnut son crime. Elle n'avait pas supporté d'avoir été éconduite par Yoo Mong-in. Au fond d'elle-même, elle pensait que si madame Shin mourait, son ancien amant reviendrait vers elle. Outré, Yoo Mong-in la fit jeter en prison pour qu'elle y croupisse jusqu'à la fin de ses jours.

하지만 몇 주 후, 애개는 옥에서 탈출하는데 성공했다. 유몽인은 그녀를 쫓아 죽이라고 명령했다. 그리고 결국 애개는 처참히 죽었다.

하지만 그 신씨 부인의 저주는 끝나지 않았다. 그녀의 병은 점점 악화되었고 결국 죽음에까지 이르렀다. 저택에는 매일 밤 망령이 나타났다. 그리하여 유몽인은 복동의 도움을 한 번 더 받기로 했다.

복동은 아주 큰 규모의 굿을 준비했다. 그의 북소리가 저택의 방 곳곳에 울려 퍼졌다. 그리고 벽마다 퇴마의 주술과 보호의 주술을 써 넣었다. 그는 오행의 힘을 사용하였다. 마침내 그는 유몽인의 집에 애개의 혼이 절대 다시 오지 못하도록 내쫓았다고 말했다. 이렇게 하여 첩의 저주는 마침내 풀리게 되었다. 그리고 두 번 다시 유몽인의 집에는 이런 불행이 오지 않았다.

Mais quelques semaines plus tard, Ae-gae réussit à s'évader de sa geôle. Yoo Mong-in commanda à ses gens de la poursuivre et de l'abattre, ce qu'ils firent sans le moindre état d'âme.

La malédiction n'en était pas terminée pour autant. La maladie de madame Shin s'empira et la mort finit par l'emporter. Pire, le fantôme d'Ae-gae apparaissait toutes les nuits dans la demeure. Alors Yoo Mong-in dut une fois de plus solliciter l'aide du Chaman.

Bokdong organisa une grande cérémonie chamanique. Son tambour résonna dans toutes les pièces de la maison ; il placarda sur les murs les formules d'exorcisme et de protection ; il invoqua les forces des quatre éléments ; enfin, il proféra la conjuration contre les fantômes pour chasser à jamais l'esprit d'Ae-gae de la maison de Yoo Mong-in. Ainsi fut fait et la malédiction de la concubine se dissipa enfin. Et depuis, plus jamais, la maison de Yoo Mong-in ne connut le malheur.

장화홍련
L'histoire de Jang-hwa et Hong-ryun

한국어 번역 이샛별 Lee Saet-byul

프랑스어 번역 이서원 Lee Seo-won, 허윤미 Heo Yun-mi

그림 남수지 Nam Su-ji

옛날 옛적에, 장화, 홍련 두 자매가 어머니를 여의고 홀아버지와 함께 살고 있었다. 두 딸이 아직 너무 어렸기에 집안에 여자가 필요했고, 그녀들의 아버지는 재혼을 결심했다. 하지만 홀아비가 두 번째 배우자를 얻는다는 것이 쉽지만은 않았다. 새어머니로 들어온 허 씨는 아주 예쁘지는 않았지만 두 딸에게 좋은 어머니가 되겠다고 약속했다.

Il y a très longtemps de cela, deux sœurs, Jang-hwa et Hong-ryun, habitaient seules avec leur père depuis la mort de leur mère. Comme les filles étaient encore très petites, la présence d'une femme à la maison paraissait indispensable au brave homme, alors il décida de se remarier. Il n'était pas facile, pour un veuf, de trouver une seconde épouse. Aussi madame Heo, la nouvelle maman, n'était pas très jolie, mais elle avait promis d'être une bonne mère.

이 가족은 빠르게 꾸려졌다. 몇 년 후, 허 씨는 세 아들을 낳았다. 불행히도, 허 씨는 아들을 낳은 후 두 자매에게 점점 못되게 굴기 시작했다. 남편에게 아들을 안겨주었지만, 전처를 쏙 빼닮은 장화, 홍련 자매에게 더 애정을 보이는 그를 보며, 허 씨는 질투심에 사로잡혔다. 그래서 그의 남편 뒤에서 허 씨는 두 자매에게 욕설을 내뱉고, 구박하고, 학대하기 시작했다. 반면에, 세 아들은 자매들과 달리 애지중지 하였다.

첫째인 장화의 혼례가 다가오자, 허 씨는 그 상황이 싫었다. 그의 남편이 혼수를 많이 장만해야 했고, 그것은 허 씨에게 아무런 득도 되지 않는다는 걸 잘 알았기 때문이다. 계모 허 씨는 그녀의 세 아들을 위해 그 돈을 아끼고 싶었다. 그래서 그녀는 계략을 꾸몄고, 그날 밤 일말의 양심의 가책도 느끼지 않고 그 계획을 실행하기로 하였다.

Très vite, la famille s'agrandit. En peu d'années, madame Heo mit au monde trois fils. Malheureusement pour les filles, au fil des naissances, leur belle mère se révéla de plus en plus cruelle. La jalousie la tenaillait, elle avait donné trois beaux garçons à son mari, mais celui-ci n'en oubliait pas moins son ancienne épouse et semblait préférer ses filles. Alors, dans le dos de son mari, elle leur crachait des injures, les maltraitait et les humiliait. En revanche, les garçons, eux, étaient favorisés, choyés et comblés.

Quand Jang-hwa, l'aînée, voulut se marier, la marâtre regarda d'un mauvais oeil cet évènement. Son époux allait devoir payer la dot de sa fille et cela n'arrangeait pas ses affaires, elle aurait préféré économiser cet argent pour ses fils. Alors, elle fomenta un stratagème machiavélique. Sans une once de scrupule, la nuit même, elle mit à exécution son plan :

그녀는 그의 첫째 아들 장수에게 쥐를 잡아다 죽여 취하라 명하였다. 그러고 난 후, 그들은 그 핏빛의 동물 사체를 장화의 이불속에 넣었다. 다음날 아침, 상스러운 소문이 가족 내 퍼졌고, 모든 사람들은 혼란에 빠졌다.

"너 소문 들었어?"

문틈 사이로 사람들이 속삭였다.

"글쎄, 장화가 유산을 했대!"

"그게 가능해?!"

사람들은 어안이 벙벙해져서는 탄식하였다.

자자하게 퍼진 추문의 혼란 속에서도, 어느 누구 하나 장화 이불속의 그 피 묻은 둥근 물체에 대하여 살펴보려 하지 않았다. 먹잇감을 기다리는 거미줄의 거미처럼 질투에 눈 먼 허 씨는 그의 침실에서 잠자코 기다리고 있었다. 그 소문은 자연스럽게 남편의 귀에까지 퍼졌다. 허 씨는 기쁨을 감춘 채 그 수치스러운 소문이 그에게까지 이르러 그가 망연자실해 하는 모습을 지켜보았다. 그녀는 그를 부추겼다:

"여보, 우리는 이 소문 때문에 더 이상 살 수가 없을 것 같아요! 소문이 더 퍼지기 전에 장화를 먼 친척 집에 보냅시다. 우리 가문이 얼마나 수치스러울지 생각해보세요!"

elle ordonna à Jangseu, son fils aîné, de capturer un rat, de le tuer et de le dépecer. Puis, ils placèrent le cadavre sanguinolent de l'animal dans le lit de la jeune fille. Le lendemain matin, une vilaine rumeur éveilla la maisonnée entière et plongea ses hôtes en pleine confusion.

– Tu as entendu ? chuchotait-on entre deux portes de papier de riz, mademoiselle Jang-hwa aurait fait une fausse couche !

– Comment est-ce possible?! s'exclamait-t-on, interloqué.

Dans le chambardement de l'esclandre qui pointait, personne ne songea à examiner de plus près la boule sanglante dans les draps de la jeune fille. De son côté, telle une araignée sûre de son piège, la femme jalouse attendait patiemment dans la couche conjugale. L'information se propagerait naturellement jusqu'aux oreilles de son époux. Lorsqu'enfin la nouvelle déshonorante lui parvint, elle observa, avec un discret contentement, la consternation voiler le visage de son mari. Feignant l'outrage, elle exhorta :

– Mon époux, nous ne pouvons vivre ce scandale plus longtemps ! Envoyons Jang-hwa vivre chez un parent éloigné avant que ce bruit ne se répande plus avant... Imaginez la honte sur nos familles !

허 씨는 가족들 앞에서는 장화를 동정했지만 속으로는 기쁜 마음을 숨길 수가 없었다. 모든 것이 그녀의 예측대로 흘러갔지만 그녀는 거기서 멈추지 않았다 : 그녀는 장수에서 가는 길에 누이를 제거하라 명했다.

칠흑 같은 어두운 밤, 호숫가에 도착하자 장수는 행동을 개시했다. 장화는 이것이 계략이라는 것을 알아차렸고, 그녀의 비극적 운명에 압도되어 스스로 그녀의 생을 마감하고자 호수에 뛰어들었다.

장수는 돌아오는 길에, 갑자기 거대한 범을 마주하였다. 그것은 그를 벌하기 위해 하늘이 내린 처사이다. 맹수는 장수에게 덤벼들어 그의 한쪽 팔과 다리를 먹어 치웠다.

Devant toute la maisonnée, la marâtre compatissait au malheur de Jang-hwa, mais au fond d'elle-même elle exultait. Tout se déroulait selon ses prévisions mais son plan ne s'arrêtait pas là : elle somma Jangseu de se débarrasser de sa demi-sœur en cours de route.

Dans les ténèbres de la nuit, arrivés aux abords d'un lac, il décida de passer à l'action. Jang-hwa comprit alors le piège ourdi contre elle, accablée par son tragique destin, elle sauta d'elle-même dans le lac pour mettre fin à ses jours.

Sur le chemin du retour, le jeune homme tomba nez à nez avec un gigantesque tigre. Comme s'il avait été envoyée par le Ciel pour le punir, l'animal féroce bondit sur Jangseu, lui dévora un bras et une jambe.

그날 밤, 홍련은 이상한 꿈을 꾸었다. 그녀의 언니가 현몽하여 그녀에게 을씨년스러운 목소리로 말했다:

"잘 들어, 홍련아. 나는 지금 죽은 몸이야. 허 씨 부인을 조심해, 나를 죽인 음모를 꾸민 것이 그 사람이야. 지금 나는 장수가 날 데리고 온 호수 바닥에 매장되어 있어."

다음 날, 불구가 된 장수가 장화가 자살했다는 소식을 가지고 집으로 돌아왔다. 따라서 그가 그 꿈의 진실을 확인시켜 준 것이다. 장화의 죽음을 인정하지 않은 채, 홍련은 장화 영혼이 살고 있는 그 호수에 이르렀다. 유감스럽게도, 홍련도 장화를 따라 죽음을 선택 했다.

그때부터 달이 뜨면 호수 위로 두 처녀의 구슬픈 소리가 들려왔다. 그들의 원혼은 원정을 호소하고자 부사의 처소에 자주 드나들었다. 그러나 그들의 출현은 엄청난 공포감을 주었고, 그 두려움에 부사들은 잇달아 죽어나갔다. 적어도 3명 이상이 이러한 공포심으로 죽었다. 이러한 변고로 다들 이 마을의 부사로 오는 것을 꺼려했다. 몇몇은 위험을 무릅쓰지 않기 위해 진급을 거절하기도 했다.

Cette même nuit, Hong-ryun fit un rêve bien étrange. Sa sœur lui apparut et lui révéla d'une voix sinistre :

– Ecoute, ma soeur, je suis maintenant morte. Prends garde à madame Heo, c'est elle qui a manigancé ma perte. Maintenant, je repose au fond de ce lac où Jangseu m'a conduite.

Le lendemain, le fils estropié clopina jusqu'au logis porteur de la nouvelle du suicide. Il confirma ainsi la véracité du songe. Ne supportant pas le décès de sa soeur, la cadette se rendit à son tour au bord du lac et y vit le reflet de l'âme de sa sœur. Désespérée, elle rejoignit son aînée dans la mort.

Depuis lors, au dessus de l'onde, les voix des deux vierges gémissaient dès le levé de la lune. Pire, leurs spectres venaient même hanter le palais des gouverneurs de la province afin de réclamer justice. Cependant, ces apparitions étaient si effrayantes que, tour à tour, les magistrats en mouraient de peur. Pas moins de trois succombèrent ainsi d'épouvante. La réputation de cette ville devint si mauvaise que tous les fonctionnaires redoutaient d'être nommés dans la région. On raconte même que certains auraient refusé une promotion pour ne pas avoir à s'y aventurer.

마침 정동우라는 사람이 지원하여 부사로 부임하였다. 도임 초야에, 그 호숫가를 지나는 길에, 그는 두 자매의 통곡 소리를 들었다. 그는 무서워하기는커녕, 그들의 목소리에서 죽음 이상의 비탄을 느꼈다. 이후, 한밤중에, 그는 같은 통곡소리에 잠을 깼다. 하지만, 전임자들과는 달리, 그들에게 귀 기울였다.

"나리, 저희의 정조가 더럽혀졌습니다."

한 명이 울먹였다.

"우리는 억울하게 죽었습니다."

다른 한명이 탄식하였다.

"우리 영혼이 편안히 쉴 수 있도록, 바라옵건대 모든 진실을 밝혀주소서!"

둘이 함께 간청했다.

C'est alors que Jeong Dong-woo sollicita le poste de gouverneur. Le soir de son arrivée, passant près de l'étang, il entendit les lamentations des deux sœurs. Loin d'en avoir peur, il fut sensible à la détresse de leur voix d'outre-tombe. Plus tard, au plus profond de la nuit, il fut tiré de son sommeil par les mêmes plaintes. Mais à la différence de ses prédécesseurs, il y prêta une oreille attentive :

– Monseigneur, notre honneur a été souillé, gémit l'une.
– Nous sommes mortes injustement, soupira l'autre.
– Pour le repos de nos âmes nous vous prions de faire éclater toute la vérité ! supplièrent-elles de concert.

정신을 차린 정동우는 이 의혹을 밝히고자 하였고, 문초를 서둘러 시작하고자 허 씨 부인에게 법정으로 출두할 것을 명했다.

계모 허 씨는 거짓 증거를 제시하기 위해 피 얼룩진 이불을 가져왔다.

하지만 다음날 저녁, 두 자매의 혼령이 젊은 부사를 찾아와 :

"나리, 그들이 가져온 증거물을 충분히 검토하셨다 생각하십니까?"

한 명이 말했다.

"나리, 그것이 정녕 사람의 태아 시신이라 생각하십니까?"

다른 한 명도 말했다.

"겸허히 청하옵건대, 판결하기에 앞서 다시 한 번 증거를 검토해 주시옵소서." 둘이 함께 말했다. 이후, 둘은 어둠 속으로 사라졌다.

Piqué par ces révélations, Jeong Dong-woo voulut clarifier ce mystère et diligenta une enquête, à la suite de laquelle madame Heo fut convoquée au tribunal pour rendre compte de la fausse couche de Jang-hwa. La mauvaise mère apporta le drap taché de sang comme témoignage de la faute. Preuve était faite d'un comportement inacceptable.

Ainsi madame Heo fut relachée dans l'heure, lavée de tout soupçon.

Mais, la nuit suivante, les esprits des deux sœurs revinrent trouver le jeune gouverneur :

– Monseigneur, pensez-vous avoir suffisamment examiné le drap que l'on vous a confié ? souffla l'une.
– Monseigneur, pensez-vous qu'il s'agisse réellement du cadavre d'un fœtus humain ? questionna l'autre.
– Humblement, nous vous prions de reconsidérer votre jugement reprirent-elles à l'unisson. Puis, elles s'évaporèrent dans les ténèbres.

늦은 시간이었음에도 불구하고, 젊은 부사는 증거물을 면밀히 조사하였다. 쥐다! 그것을 잘 들여다보니, 태아가 아닌 분명 잘게 잘린 쥐였다. 어떻게 속일 수 있었을까?

다음날, 허 씨 부인과 그의 아들에 대한 판결이 내려졌다: 그들에게 공개적으로 형이 집행되었다.

죽은 두 자매의 아버지는 그의 딸들의 죽음을 기리기 위해 그 호수에 갔다. 그 자리에서 그는 물 위에서 전혀 손상되지 않은 그들의 시신을 발견하고는 깜짝 놀랐다. 그는 장례를 치렀고, 마을 산자락에 묘를 세웠다.

시간이 흐른 뒤, 슬픔에 빠진 아버지는 그를 위로해 주었던 윤 씨 부인과 재혼하였다. 혼인 후, 두 자매는 그의 꿈에 나타났다.

"우리는 다시 가족이 될 거예요." 행복에 가득 찬 그녀들이 말했다.

윤 씨 부인 또한 이상한 꿈을 꾸었다. 누군가 그녀에게 한 송이의 장미와 한 송이의 연꽃, 두 송이의 꽃을 주었다. 몇 달 후, 그녀는 쌍둥이를 낳았다. 망설임 없이, 부부는 장화, 홍련이라 이름 지었다. 마침내 그 집안에 행복이 깃들었으며, 그들은 오래오래 행복하게 살았다.

Malgré l'heure tardive, le jeune noble alla inspecter de plus près la pièce à conviction. Un rat ! A bien y regarder, c'était bien un rat dépecé, qu'il y avait, et non pas un embryon d'homme ! Comment avait-il pu être berné ?

Dès le lendemain, la sentence contre madame Heo et son fils tomba : ils furent exécutés sur la place publique.

Le père des défuntes se rendit au bord du lac pour honorer la mémoire de ses filles. Une fois sur place, il découvrit, ébahi, flottants sur l'eau leur corps intact. Elles semblaient dormir, la mort ne les avait nullement affectées. Il leur organisa des funérailles et leur dressa un tertre dans la montagne au dessus de son village.

Quelques temps plus tard, le triste père se remaria avec une certaine madame Yun qui le consola. Peu après leur mariage, les deux sœurs lui apparurent en rêve.

Nous allons redevenir une famille, lui soufflèrent-elles pleines d'amour.

Madame Yun fit, elle aussi, un étrange songe. Elle rêva qu'on lui offrait deux fleurs : une rose et un lotus. Et puis quelques mois plus tard, elle mit au monde des jumelles. Sans aucune hésitation, le couple décida de les nommer *Jang-hwa et Hong-ryun*[8]. Le bonheur s'installa enfin dans la maison où tous vécurent heureux de nombreuses années.

8 Jang-hwa et Hong-ryun signifient respectivement rose et fleur de lotus.